Leonardo B. Dal Maso

DAS ROM DER CÄSAREN

BET
BONECHI EDIZIONI «IL TURISMO» - FIRENZE

MÜNZEN AUS DEM RÖMISCHEN KAISERREICH

C.I. CAESAR
100 v. Chr. - 44 v. Chr.

AUGUSTUS
27 v. Chr. - 14 n. Chr.

TIBERIUS
14-37 n. Chr.

AGRIPPINA
14 v. Chr. - 37 n. Chr.

CALIGULA
37-41 n. Chr.

CLAUDIUS
41-54 n. Chr.

NERO
54-68 n. Chr.

GALBA
68-69 A.D.

VESPASIANUS
69-79 n. Chr.

TITUS
79-81 n. Chr.

DOMITIANUS
81-96 n. Chr.

NERVA
96-98 n. Chr.

TRAIANUS-PLOTINA
98-117 n. Chr.

HADRIANUS
117-138 n. Chr.

ANTONINUS PIUS
138-161 n. Chr.

FAUSTINA
138-160 n. Chr.

M. AURELIUS
161-180 n. Chr.

COMMODUS
180-192 n. Chr.

IULIA DOMNA
193-212 n. Chr.

DIOCLETIANUS
284-305 n. Chr.

MAXENTIUS
306-312 n. Chr.

CONSTANTINUS
312-337 n. Chr.

CONSTANTINUS
(Versus)

VORWORT

Jeder Versuch, das Aussehen Roms zur Zeit der Cäsaren geistig wiedererstehen zu lassen, sich vorzustellen, wie die großen geschichtlichen Ereignisse dort stattfanden, wie sich das private und öffentliche Leben in einer Stadt vollzog, die vierzehn Jahrhunderte überdauerte und durch Kriegsgeschehen und Naturkatastrophen, Brände und Wiederaufbau, Umgestaltungen und Verunstaltungen durch Menschenhand ständig ihr Gesicht veränderte, ist eine schwierige, aber faszinierende Aufgabe. Es ist eine Aufgabe, die großes Einfühlungsvermögen erfordert, und bei der man sich, will man sich nicht im Reich der Phantasie verlieren, nur an die uns erhalten gebliebenen archäologischen Überreste und an die Überlieferungen antiker Schriftsteller halten kann - in beiden Fällen jedoch müssen wir uns auf das beschränken, was uns in sehr fragmentarischer Form erhalten geblieben ist. Und ein solcher in sich selbst notgedrungen schon fragmentarischer und lückenhafter Rekonstruktionsversuch wird noch dadurch erschwert, daß man die kärglichen und verfallenen Überreste der antiken Stadt aus den lebendigen Monumenten und dem urbanistischen Gewebe der Stadt der Päpste wie der modernen Stadt, die sich über die antike Stadt gelagert haben, wieder herausschälen muß.

So haben denn auch die von der Antike begeisterten Reisenden von Petrarca bis Goethe, von Byron über Gogol bis Stendhal stets Monate, ja selbst Jahre damit verbracht, die Geheimnisse des alten Roms aufzuspüren und zu verstehen, denn ein langer Aufenthalt in dieser Stadt galt als unentbehrliche Grundlage für eine humanistische Bildung.

Auch wenn heute für den Besucher durch die archäologischen Grabungen und die Restaurierung vieler Bauwerke die Zeugnisse der antiken Welt zahlreicher geworden sind und dem Besucher somit der Zugang zu ihr leichter wird, sind lange Aufenthalte in Rom durch den aufreibenden Rhythmus des modernen Lebens und durch die Hast, die es uns aufzwingt, sehr selten geworden.

Schon der sogenannte Massentourismus, der täglich unzählige Scharen von wissensdurstigen Reisenden nach Rom bringt, die sich jedoch an kurze und gedrängte Stadtbesichtigungen in begrenztem Zeitraum halten müssen, macht solches unmöglich. Diese Touristen müssen die Befriedigung ihrer kulturellen Interessen und ihr Verständnis der antiken Welt und ihrer Kunstwerke fast ausschließlich der Kompetenz und dem Wissen der Reiseführer überlassen.

Unter diesen hat es Leonardo Dal Maso als erster gewagt, aus seiner zwanzigjährigen Erfahrung dem Rombesucher ein Buch vorzulegen, das der mündlichen Führung, die notgedrungen summarisch bleiben muß, zur Erweiterung und Ergänzung dienen kann. Seine Ausführungen nehmen vor allem eine geschichtliche Einordnung der Bauwerke und Monumente unter urbanistischem Aspekt vor und erlauben so, die baugeschichtliche Entwicklung der antiken Stadt zu rekonstruieren, zunächst in einem breiteren allgemeinen geschichtlichen Überblick, darauf in einer Beschreibung der wichtigsten Baukomplexe (Palatin, Forum, Kapitol, Kaiserforen); darauf folgt dann eine typologische Zusammenfassung einiger Bauwerke, um so einen notwendigen Vergleich mit ähnlichen zu erleichtern (Theater, Zirkusanlagen, Thermen, Triumphbögen); zuletzt finden wir Einzelbeschreibungen einiger besonders wichtiger Bauwerke, wie z.B. des Kolosseums, des Pantheons, des Friedensaltars des Augustus (Ara Pacis). Alles ist mit den unvermeidlichen geschichtlichen und kunstgeschichtlichen Daten versehen, aber das Ganze wird, wie bei einer Konversation, durch Anmerkungen, Episoden, merkwürdige Ereignisse aus Berichten antiker Schriftsteller lebendig gemacht, und so finden sich geschichtliche Angaben zusammen mit ·Argumenten allgemeinen Charakters wie Religion und Tempel, Straßen und Verbindungswege, Arbeit und Arbeiter.

Dieses Buch beabsichtigt also weder, eine systematische Abhandlung zu sein, noch eine trockene Liste von Daten und technischen Beschreibungen zu liefern. Auch folgt es keiner strengen Methodik wie ein Handbuch oder ein Reiseführer mit topographischen oder historisch-chronologischen Kriterien. Doch enthält es von allen diesen Typen die grundlegenden Elemente, und es bietet dem Leser und Besucher die Möglichkeit, in möglichst menschlicher Weise den Geist der Antike anhand ihrer Monumente zu erfassen; nicht zuletzt aber zeigt es Wege zu einer größeren Vertiefung der Kenntnisse.

Zu letzterem dient auch der flüchtige excursus über die Kapitolinischen Museen, der zu einem Kennenlernen der klassischen Werke auf dem Gebiet der Bildhauerkunst einlädt, in diesem wie in anderen Museen der Stadt: dem Antiquarium des Forum Romanum, sowie der Hadrians-Villa und dem Museum in Ostia Antica, denen man eigentlich einen besonderen Band widmen müßte, um dem Bild des antiken Lebens gerecht zu werden.

Zwei weitere notwendige Erweiterungen dieses Aspekts sind gegeben durch eine gedrängte Beschreibung der beiden monumentalen Zentren von Ostia und der Hadrians-Villa in Tivoli, die, obwohl sie außerhalb der Stadtmauern lagen, durchaus zum antiken Rom gehörten: Ostia als Satelliten-Stadt in Hinblick auf Handel, Lebensmittelversorgung, Hafenleben und Mietshauskomplexe; die Hadrians-Villa hingegen als letzter kaiserlicher Wohnsitz, als souveräne Schöpfung eines Kaisers mit Architektur-Ambitionen, der eine «Idealstadt» schaffen wollte.

Mit einer großen Variationsbreite von Themen und Gesichtspunkten, die durch ausgewähltes ikonographisches Material und besonders durch eine Parallelkonstruktion der Monumentalzonen wie der einzelnen Bauwerke ergänzt werden, versucht Dal Maso seinen Zweck zu erreichen, nämlich dem Touristen populärwissenschaftliche Kenntnisse zu vermitteln, die sich mit einer ausreichenden geschichtlichen und kunstgeschichtlichen Information verbinden, sowie den verschiedenen Interessen an Leben und Sitten der Antike Rechnung tragen.

Roberto Vighi
(Leiter der Antikenabteilung)

DIE STÄDTEBAULICHE ENTWICKLUNG ROMS

Rom wurde laut alter Überlieferung im Jahre 753 v. Chr. gegründet, wie die archäologischen Entdeckungen nachmals bestätigten. Seine frühesten Einwohner waren latinische Hirten, die von den Albaner Bergen heruntergekommen waren. Diese hatten sich eine zeitlang auf engem Raum am linken Tiberufer aufgehalten dort wo sich dank der Tiberinsel der Fluß am leichtesten durchqueren läßt. Es war die Gegend, wo sich später das Forum Boarium befand. Oben auf dem Palatinischen Hügel, an strategisch günstigster Stelle, errichtete der sagenhafte Gründer Roms, Romulus, die ersten Stadtmauern. Zu den Latinern gesellten sich rasch die Sabiner, die den Quirinal bewohnten, und das kleine Tal zwischen ihnen wurde zu ihrem Treffpunkt und Handelsplatz: dem Forum Romanum.

Während der Zeit der ersten römischen Könige (753-510 v. Chr.) wechselten zwei latinische Könige mit zwei sabinischen in der Thronfolge ab; darauf wurde die Stadt von den Etruskern erobert, einem mächtigen Volk, das die rechte Tiberseite bewohnte. Diese lieferten Rom die letzten drei Könige, Servius Tullius und die beiden Tarquinius. In diesen 243 Jahren entwickelte sich die Stadt auch auf den anderen Hügeln ringsum, dem Kapitol, dem Esquilin, dem Viminal, dem Coelius und dem Aventin, das ergab zusammen mit dem Palatin und dem Quirinal das Rom der sieben Hügel.

Mit dem Rückgang der latinischen Bevölkerung durch die Fremdherrschaft wurde im Jahre 510 v. Chr. die Republik ausgerufen; aber im Jahre 390 v. Chr. wurde die Entwicklung des unter großen Schwierigkeiten entstandenen jungen Staates durch den Einbruch der Gallier unterbrochen, die unter Brennus die Stadt plünderten und in Brand setzten, bevor sie von Camillus zurückgedrängt wurden. « Hic manibus optime » sagten die Senatoren nach der Zerstörung durch die Barbaren und lehnten es ab, die Stadt an eine besser gesicherte Stelle zu verlegen – und so entstand Rom bis zur ersten Hälfte des IV. Jahrhunderts v. Chr. am gleichen Ort. Es wurde jetzt durch mächtige Stadtmauern, die sogenannten Servianischen Mauern, geschützt. Der Bau dieser für jene Zeiten kolossalen Mauern erstreckte sich über fast anderthalb Jahrhunderte; das Material, aus dem sie bestanden, waren große quadratische Tuffblöcke, die aus den nahegelegenen Steinbrüchen Grotta Oscura und Tidena stammten. An ebenen Stellen erreichte die Mauer eine Höhe bis zu 10 m und 3 m Durchmesser. Von innen wurde sie durch Erdaufschüttungen (« agger ») von mehr als 30 m Breite geschützt, von außen durch einen tiefen Graben von 35 m Breite abgesichert. Die Mauern hatten eine Ausdehnung von 11 km und umfaßten die Zone zwischen dem Tiber, Piazza Venetia, Via XX. Settembre, der Stazione Termini, Piazza Vittorio Emanuele sowie die äußeren Hänge des Coelius und des Aventin. Außerhalb der Mauern lagen das Marsfeld, Trastevere und die heutige « Passeggiata Archeologica ». Innerhalb dieser Stadtmauer befanden sich 15 Tore. Für die Erhaltung der republikanischen Mauern wurde auch während der Kaiserzeit mit geradezu religiösem Eifer gesorgt, selbst als sie schon zweckentfremdet waren, da viele Wohnviertel jetzt außerhalb von ihnen lagen. Einige Überreste haben sich bis heute erhalten; man kann sie z. B. noch vor dem Hauptbahnhof (Stazione Termini) sehen. Wie man den Beschreibungen Ciceros entnehmen kann, waren die Strukturen der Stadt während der republikanischen Zeit ganz willkürlich und durch die jeweilige Bodenbeschaffenheit bedingt. Sie entsprachen den Bedürfnissen der Einwohner. Die eigentliche Stadtplanung im heutigen Sinne begann erst mit dem Ende der Republik und wurde vor allem durch zwei Faktoren ermöglicht: erstens durch die häufigen Brände, die ganze Stadtviertel zerstörten und zweitens durch das kaiserliche Verfügungsrecht über staatliche Domänen, das auch frühere Bauwerke nicht verschonte. Was den Brand unter Nero betrifft, so kamen hier wohl die zwei Faktoren zusammen: daß nämlich Nero den Brand legen ließ, um gleichzeitig eine totale Stadterneuerung möglich zu machen.

Urbanistisch gesehen gab es im 2. Jhdt. v. Chr. immer noch einige Viertel, welche die alten republikanischen Strukturen aufzeigten, daneben andere, die nach genauem, koordinierten System entstanden. Die Anfänge dieser Entwicklung liegen ca. in der Zeit von 82-50 v. Chr. (Instandsetzung des Kapitolinischen Hügels, Bau des Tabulariums, Errichtung der beiden Brücken an der Tiberinsel, des Theater des Pompeius, und des Portikus mit hundert Säulen auf dem Marsfeld. Zur Zeit Cäsars (49-44 v. Chr.) wurde das Forum Romanum instandgesetzt, die Julische Basilika erbaut und die Kaiserforen mit dem Tempel der Venus Genetrix eröffnet. Unter Augustus (43 v. Chr.-14 n. Chr.) erfolgte der Wiederaufbau von mehr als zehn Tempeln, die Einweihung des Augustus-Forums mit dem Tempel des Mars Ultor, der Bau der großen Säulenhallen, des Apollo-Tempels, des ersten kaiserlichen Palastes auf dem Palatin, des Friedensaltars, (Ara Pacis) und des Mausoleums des Augustus auf dem Marsfeld (Campus Martius). Aber außer den öffentlichen Gebäuden wurden auch die privaten Wohnviertel jetzt gradlinig entworfen, und die bis dahin engen und winkligen Straßen bekamen einen einheitlichen Charakter.

Die urbanistische Entwicklung fand ihren Höhepunkt unter den Flaviern (69-96 n. Chr.) mit dem Bau des Kolosseums, dem Umbau des Palatin, der Instandsetzung des Circus Maximus, mit der Errichtung des Stadions (heute Piazza Navona) und des Odeons auf dem Marsfeld, mit der Einweihung des Friedens-Forum – das man für das erste Kunstmuseum der antiken Welt halten kann. Das setzt sich unter Nerva, Trajan und Hadrian (96-138 n. Chr.) fort: es entstehen das Forum Transitorium, die Trajansmärkte, die Trajans-Thermen, der Tempel

◀ Forum Romanum: Marmorfries der Basilica Aemilia.

Das antike Rom zur Zeit Konstantins; Detail der Rekonstruktion von I. Gismondi im « Museo della Civiltà Romana » (von oben links: Kapitol, Circus Maximus, Kaiserforen, Palatin, Tempel der Venus und Roma, Kolosseum, Tempel des Claudius). Die Bevölkerungzahl zur Zeit des Silla betrug 40.000, zur Zeit des Trajan erreichte sie 1.200.000 Einwohner.

der Venus und Roma, das Mausoleum des Hadrian (heute die Engelsburg) mit der Pons Aelius (heute Engelsbrücke), die Kaiserforen, das Pantheon; die Thermen des Agrippa werden restauriert. In den folgenden Jahrhunderten verschönern die Antoninischen und Severischen Kaiser die Stadt mit dem Tempel des Hadrian, dem Tempel des Antoninus und der Faustina, den Säulen des Antoninus Pius und des Mark Aurel, dem Septimius-Severus-Bogen, dem Domus Severiana und dem Septizodium auf dem Palatin, dem Amphitheater Castrense, den Thermen de Caracalla. Der Tempel der Vesta auf dem Forum wurde restauriert, wie auch die Thermen des Nero auf dem Marsfeld. Zwischen den Severern und Konstantin (235-337 n. Chr.) baute Aurelian die neuen Stadtmauern gegen die Überfälle der Barbaren. Ebenfalls entstanden die Thermen des Diokletian, die Maxentius-Basilica, der Konstantinsbogen, die Konstantinsthermen auf dem Quirinal und endlich die ersten christlichen Basiliken – Zeichen für den Anbruch eines neuen kulturellen Zeitalters. Aber da hatten schon die Raubzüge der Barbaren und die Kämpfe im Innern des Landes, sowie Erdbeden und Brände, unheilbare Wunden in das urbanistische Gewebe der Stadt geschlagen.

In der Architektur und der Stadtplanung Roms sind drei städtebauliche Prinzipen des Vitruv verwirklicht: firmitas, utilitas, venustas. Für die firmitas, die Haltbarkeit, empfahl er tiefliegende Fundamente und überlegte Materialwahl; für die utilitas, die Nützlichkeit, eine günstige Lage, die den Zweck des Gebäudes berücksichtigt; für die venustas, die Schönheit, schließlich einen eleganten und erfreulichen Anblick.

Vitruv sagt auch, daß die Städte den Proportionen der Bevölkerung angepaßt sein sollten, daß der Raum nicht zu eng für die Bedürfnisse und nicht zu groß für eine geringe Bevölkerungsmenge sein darf.

Die ästhetische Natur des römischen Städtebaus entspringt einer räumlichen Idee, da das architektonische Werk ganz nüchtern den Raum umschreibt und ihn so in gewissem Sinn erst erschafft: in der griechischen Architektur diente ein Bauwerk im allgemeinen zur äußeren Funktion, in der römischen zur inneren. Während wir im Griechenland der Klassik Monumentalkomplexe finden (Tempel, die Akropolis von Athen usw.), bei denen jedes Gebäude den Wert eines Kunstwerks als solches hat, ist die Beziehung der Gebäude untereinander im römischen Städtebau so koordiniert, daß sie einen einheitlichen Raum bilden. Fast umschreiben sie den Raum, die Plätze nehmen die Form eines riesigen Peristyls an, die Gebäude stehen nicht isoliert und von allen Seiten sichtbar im Raum, sondern sind oft so gelegen, daß nur eine Fassade sichtbar wird. Diese Tendenz manifestiert sich vor allem im Tempel, der sich über einem Sockel mit vorgelagerten Stufen erhebt. Dieser räumliche Sinn bringt auch eine andere Größe der Dimensionen mit sich: die Thermen, das Pantheon, die Maxentius-Basilica etc. sind in der Tat gewaltige Schöpfungen geschlossener Räume.

Die Evolution der Architektur ist an die Entwicklung der konstruktiven Technik gebunden. Die quadratischen Bauwerke (opus quadratum) aus Steinblöcken (zuerst aus Tuff, in der zweiten Hälfte des 2. vorchristlichen Jahrhunderts auch aus Travertin, später aus Marmor) in kubischen Formen – entstammen einem System, das man von der Zeit der Könige bis in die Spätantike anwandte: es garantiert haltbare und mächtige Bauwerke (die republikanischen Mauern, die Tempelsockel usw.). Das Bauen mit zementähnlichen Bindemitteln (Mörtel) war bis zum Ende des 3. vorchristlichen Jahrhunderts gebräuchlich, um den inneren Kern des « opus quadratum » zu bilden, also aller späteren Bautechniken, angefangen von dem « opus incertum », das ein Parament von kleinen Blöcken in unregelmäßiger Form hatte. Dieses « opus incertum » finden wir schon im Aemilianischen Portikus in der ersten Hälfte des 2. vorchristlichen Jahrhunderts; von der ersten Hälfte des 1. vorchristlichen Jahrhunderts an findet sich dann diese Bautechnik immer häufiger, bis sie im diagonalen Kreuzsystem des « opus reticulatum » aus kleinen quadratischen Blöcken aufgeht. Am Ende des 1. vorchristlichen Jahrhunderts kommt das Bauen mit Mörtel hinzu, was den Bau von Bogen und Gewölbe ermöglicht. Der Mörtelbau bildet den unentbehrlichen Faktor der kühnen Bauten am Ende der Republik und des Augustäischen Zeitalters. Nach dem Augustäischen Zeitalter wurde die Bedeutung des « opus reticolatum » immer geringer. Es wurde zwar noch angewandt, aber, jetzt, zur Zeit des Trajan und der Antoninischen Kaiser, in Alteration mit Backsteinen (opus mixtum).

Seit dem I. Jhdt. n. Chr. baute man vornehmlich mit im Ofen gebrannten Ziegeln. Diese Bautechnik überflügelte durch ihre Haltbarkeit und praktische Möglichkeiten in der Anwendung bald alle anderen Techniken. Die höchste Perfektion erreichte diese Bautechnik zur Zeit des Kaisers Trajan. Sie war es, die – verbunden mit den beiden anderen großen Errungenschaften der römischen Bautechnik, dem Gewölbebau und der monolithischen, mit Mörtel zusammengehaltenen Struktur – der römischen Architektur ihre großartige Entwicklung erlaubte, denn sie bot die Möglichkeit, mit weitgespannten Gewölben weite Räume zu überdecken und damit die kühnsten und zeitenüberdauernsten Bauten zu errichten, die je vom menschlichen Geist erdacht sind.

In der Tat beruht die gesamte Architektur des Mittelalters wie der Neuzeit bis zur Anwendung von Eisenteilen in der Baustruktur, auf der römischen Konstruktionstechnik mit Bogen und Gewölben, Ziegeln und Mörtel. Zu den Triumpfen, welche der Backsteinbau zu verzeichnen hat, muß auch die Umwandlung privater Wohnungen aus Einfamilienhäusern mit Atrium, zu mehrgeschossigen Miethäusern (oft bis zu fünf Stockwerken) mit Innenhof, Portikus und Geschäften gerechnet werden. Diese konnten eine große Anzahl von Familien beherben und bildeten so eine echte Vorausnahme der großen Mietblöcke unserer Tage.

PALATIN

Palatin heißt der Hügel, auf dem die Stadt Rom, die « urbs quadrata », entstand. Auf diesem Hügel können wir die ältesten Spuren, die mit den Ursprüngen Roms identisch sind, finden. Tatsächlich bestätigt eine Reihe von auf der Südseite des Hügels aufgefundenen Häuserfundamenten die Überlieferung, daß Rom auf diesem Hügel im Jahre 753 v. Chr. gegründet wurde. Der Grundriß dieser Häuser war rechteckig, die Ecken waren abgerundet, und die Mauern und die Dachbedeckung müssen aus Baumstämmen und Zweigen mit einer Auflage aus getrocknetem Lehm gewesen sein. Während der Kaiserzeit wurde eine dieser Hütten besonders gepflegt, weil man annahm, daß sie den Gründer Roms, Romulus, beherbergt habe (Tugurium Romuli). Die Wahl der primitiven Völker fiel auf diesen Hügel wegen seiner bevorzugten Lage: er lag 50 Meter über dem Meerespiegel und 40 Meter über dem Tiber, und so bildete er einen leicht zu verteidigenden Zufluchtsort.

Der Hügel bestand aus drei Erhebungen: dem Palatin im Südosten gegen den Circus Maximus, dem Germalus im Westen gegen das Velabrum und den Velia gegen das Kolosseum.

Von der republikanischen bis zur kaiserlichen Zeit blieb der Palatin immer der Wohnort der reichsten und vornehmsten Familien Roms. Wir wissen, daß dort auch die großen Rivalen Cicero und Hortensius, der berühmte reiche Crassus, Catilina, Claudius und viele andere Berühmtheiten wohnten. Augustus wurde im Jahre 63 v. Chr. auf dem Palatin geboren, und das war vielleicht einer der wesentlichen Faktoren für die bauliche Entwicklung, die während der Kaiserzeit hier stattfand und zur Nivellierung der drei Erhebungen führte.

Als Augustus Kaiser wurde, kaufte er das durchaus bescheidene Haus des Hortensius. Aber erst nach seinem Sieg bei Actium (31 v. Chr.) beschloß der Kaiser, sich einen seiner Größe angemessenen Wohnsitz errichten zu lassen. Zu diesem Zweck mußte das umliegende Gelände enteignet werden. Die feierliche Weihe des Hauses erfolgte am 14. Januar des Jahres 26. v. Chr.; leider ging dieses neue Haus aber durch einen Brand im Jahre 3. n. Chr. verloren. Als man in den Provinzen des Kaisers von dieser Neuigkeit erfuhr, wurde mit einer Sammlung bei allen Bevölkerungsschichten eine unglaublich hohe Geldsumme aufgebracht. Obwohl Augustus

nur ein Geldstück von jedem seiner Steuerzahler annahm, ergab das zweifellos eine große Summe.

So entstand über den Ruinen eine neue und prunkvolle Residenz. Die Arbeiten wurden auch nach dem Tod von Augustus (14. n. Chr.) weitergeführt. Tiberius ließ einen neuen Flügel anfügen, die « Domus Tiberiana », der sich zum Velabrum hin erstreckte. Caligula veränderte den Grundriss, um den notwendigen Platz für seinen Palast zu schaffen, zwischen dem « domus » des Tiberius und dem Forum. Claudius und Nero bauten weiter auf der Südostseite des Hügels, wo später das Kolosseum entstand. Doch Domitian ließ sich den prunkvollsten Wohnsitz, die « Domus Augustana » als Residenz für Kaiser und Hofstaat errichten.

Trajan setzte die Bautätigkeit auf dem Palatin fort, indem er die Bauten erweitern und vergrößern ließ. Septimius Severus verschönte die Südseite des Hügels mit künstlerischen Bauten, so z.B. mit einer Reihe großer Bogengänge, er schuf Thermen und eine Loge, wo er den Spielen auf dem Circus Maximus zuschauen konnte. Heute kann man sich aus dem, was übriggeblieben ist, schwer vorstellen, wie zahlreich die Wohnungen, Terrassen, Säulengänge, Innenhöfe und Salons dort waren. Jeder Kaiser ließ verändern, erweitern, abreißen und wieder aufrichten, was seine Vorgänger geschaffen hatten. Entgegen den Bezeugungen Suetons ist es sicher, daß das « Haus der Livia » die Wohnung des Kaisers Augustus war. Man kann davon noch das große Atrium, das Triclinium und die « alae » sehen. Hier kann man übrigens auch die Malereien des sogenannten « zweiten Stils » bewundern, große Wandgemälde mit Figuren, Landschaften, perspektivischen Spielereien und Guirlanden. Wir wissen aber, daß die bedeutendsten Bauwerke des Augustus der Apollo-Tempel, die Säulengänge und die Bibliotheken waren.

Der Eingang zum « Domus pubblica » des Augustus, d.i. der Apollo-Tempel, bestand aus einem einfachen Bogen, auf dem sich eines der Meisterwerke des Lysias erhob: eine Quadriga, die von Apollo und Diana gelenkt wurde. Sie war aus einem einzigen Marmorblock gemeißelt. Danach folgte ein langer rechteckiger Peristyl, mit weißem Marmorfußboden, und von goldgelben Säulen umrahmt. Hier standen die Statuen der Danaiden und ihrer Väter. Man fand viele Fragmente davon bei den Ausgrabungen vor dreihundert Jahren. Dann kamen die griechischen und lateinischen Bibliotheken. Zwischen ihnen lag ein großer Leseraum, in dessen Mitte eine Statue des Kaisers mit den Attributen des Apollo stand. Wir wissen, daß die Bibliotheken des Augustus « Bücher » über bürgerliches Recht sowie über die freien Künste enthielten. In der Mitte des Quadriportikus, zwischen den Bibliotheken und dem Säulengang, stand der Apollo-Tempel aus Carraramarmor. Die Tür des Tempels war mit Basreliefs aus Elfenbein geschmückt, die auf der einen Seite das tragische Ende der Niobiden und auf der anderen die Vertreibung der Galater aus Delphi darstellten. Auf dem Sockel stand der Apollo-Wagen aus Bronze, im Innern die Statuen des Apoll, ein Werk des Scopas (4. Jahrhundert v. Chr.), der Latona und der Diana. Bei Plinius werden auch noch andere Kunst-

Kaiserlicher Palast auf dem Palatin: Die Domus Augustana und die Domus Severiana vom Circus Maximus (links) gesehen, sowie ein Peristyl mit Brunnen in labyrinthischer Form im Domus Flavia (rechts).

werke erwähnt, u.a. ein Bronzekandelaber, der großen historischen Wert besaß, da er einst Alexander dem Großen (330 v. Chr.) gehört hatte. Schließlich wissen wir, daß sich dort eine Sammlung herrlichster Kameen und geschnitzter Gemmen befand, von denen sich noch einige Beispiele in den Museen finden.

So sah laut Properz (1. Jahrhundert v. Chr.) das « Vestibulum » zum Palast des Augustus aus, der einen kleinen Teil des Hügels einnahm und von dem uns nur wenig erhalten blieb, weil seine ganze Struktur in dem neuen kaiserlichen Palast aufging, den Domitian errichten ließ. Wahrscheinlich stammt der Entwurf dazu von dem Architekten Rabirius. Die neue kaiserliche Residenz wurde im Jahre 92 v. Chr. fertig: sie bestand aus drei Teilen, der « Domus Flavia », der « Domus Augustana » und dem Palatinischen Stadion.

Die « Domus Flavia », der Palast für offizielle Empfänge lag mit dem Eingang nach Norden und hatte einen strengen Portikus. In der Mitte befand sich der Thronsaal mit zwölf Nischen, in denen Statuen aus schwarzem Basalt standen (zwei davon befinden sich im Museum in Parma), sowie mit sechszehn Säulen aus « Pavonazetto-Marmor », einem bunten Marmor. In einer großen Absis stand der kaiserliche Thron. Links davon befand sich die Basilika, die durch goldgelbe Säulen in fünf Schiffe mit Absiden unterteilt wurde; hier wurde in Gegenwart des Kaisers Gericht gehalten. Rechts war das Larium, die Privatkapelle des Kaisers (unter diesen Bauten fanden sich Spuren eines Isis-Tempels aus der Zeit des Caligula). Aus dem Thronsaal trat man in einen großen Peristyl mit einem oktogonalen Brunnen in der Mitte. Über den Peristyl gelangte man zum Triclinium, in dessen Absis das kaiserliche Ruhebett stand. Es lassen sich noch Spuren des herrlichen Marmorfußbodens erkennen. Dieser Gebäudeteil war von wunderbarer, ja, geradezu bühnenhafter Wirkung: auf der einen Seite öffnete sich der Raum zum Peristyl, auf den beiden anderen gelangte man durch zwei große Öffnungen zu zwei Nymphäen in eliptischer Form. Die harmonischen Strukturen wurden durch einen großen Portikus gegen den Circus Maximus hin ergänzt, sowie durch die beiden Bibliotheken, die von Sueton erwähnt werden.

Der zweite Bereich, die Domus Augustana oder private Residenz des Kaisers und seiner Familie, war in zwei Stockwerke unterteilt. Das Obergeschoß, das sich in gleicher Höhe mit dem offiziellen Empfangspalast befand, hatte in der Mitte einen weiträumigen Peristyl mit einem Brunnen oder einem zentralen Impluvium; das Untergeschoß hatte einen zweiten Säulengang, durch den man zu den privaten Wohngemächern gelangte. Viele von ihnen waren weit zum Tal des Circus Maximus geöffnet.

Der dritte Teil, der das domitianische Baugelände abgchloß, bestand aus dem Stadion oder

Hyppodrom (der Pferderennbahn). Ein Gang aus Halbsäulen umlief die Arena, mit zwei Galerien darüber. Es hatte eine Länge von 160 × 50 Metern. Noch jetzt kann man die Startplätze und Säulenfragmente sehen sowie deren Kapitelle. Es befindet sich dort auch ein rechteckiger Altar, auf dem die zwölf Gottheiten des Olymp dargestellt sind: Minerva, Juno, Mars usw. Die Kaiserloge (pulvinar) bestand aus einer weiträumigen Exedra mit zwei Stockwerken; im zweiten saß der Kaiser, um den Spielen zuzuschauen und den Blick über diesen hinreißenden architektonischen Komplex zu genießen.

Hinter dem Stadion des Domitian befinden sich Überreste der Bäder des Septimius Severus (203 v. Chr.). Um den Bau zu ermöglichen, war es nötig die ganze Südecke des Hügels mit einer Reihe mächtiger mehrgeschossiger Backsteinarkaden zu verlängern (mit dem Bau wurde teilweise schon unter Domitian begonnen), die bis zu den Sitzreihen des Circus Maximus hinunterreichten. Die Bäder schlossen an der Südseite mit einer breiten Zuschauerterrasse ab, von der aus der Kaiser den Rennen auf dem Circus Maximus unter ihm zusehen konnte.

Um den prachtvollen Anblick der kaiserlichen

Kaiserlicher Palast auf dem Palatin: Das Stadion des Palatin oder das sogenannte Hyppodrom, von Domitian angelegt.

Paläste auf dem Palatin zu ergänzen – sie mußten wie eine enorme eindrucksvolle Theaterkulisse wirken für die Reisenden, die sich Rom von der Via Appia her näherten – ließ Septimius Severus ein Gebäude namens Septizodium errichten (der Name stammt von den sieben Planeten, die darauf abgebildet waren). Das reich mit Marmor verkleidete Gebäude war dreigeschossig mit Säulen, und das war vielleicht der Grund, warum es unter Papst Sixtus V. im Jahre 1589 unter dem päpstlichen Architekten Fontana total abgerissen wurde. Ergänzend muß gesagt werden, daß dieser Bau sehr oft unter dem Namen Septizonium (sieben Zonen) aufgeführt wird, weil man früher glaubt, das Gebäude habe sieben Stockwerke gehabt.

Wirkungsvoll, majestätisch, ja fast unglaublich muß der Eindruck auf die Reisenden gewesen sein, die Rom von der Via Appia her erreichten und nun der riesigen Größe des Circus Maximus, der Schönheit des Septizodiums und der Majestät der kaiserlichen Paläste gegenüberstanden.

FORUM ROMANUM

Mit dem Bau der Cloaca Maxima, die unter der Dynastie der Tarquinier, etruskischen Königen, fertiggestellt wurde, trocknete das sumpfige Tal zwischen dem Kapitol, dem Palatin und den Abhängen des Esquilin aus. Hier entstand jetzt ein Treffpunkt der Bewohner der angrenzenden Hügel, und das kleine Tal wurde zum Mittelpunkt, zum politisch-religiösen wie wirtschaftlichen Brennpunkt des antiken Rom: dem Forum Romanum.

Prozessionen, Prozesse, Triumpfzüge, Versammlungen, Wahlkundgebungen fanden hier statt – es war *der* pulsierende Mittelpunkt des republikanischen Roms. Seinen monumentalen Charakter erhielt es größtenteils erst unter Cäsar, Augustus und Tiberius. Wer heute zum erstenmal die Ruinen anschaut, dem wird es schwerfallen, seine Bedeutungen zu erkennen. Und dennoch erörterten und entschieden auf diesem Platz zwischen den heutigen Ruinen von Basiliken und Tempeln, Ehrensäulen und Triumpfbögen Männer wie Silla, Cato, Cicero, Cäsar, Augustus, Tiberius und viele andere das Schicksal Roms. Von diesem Platz nahm die weltbewegende Geschichte unserer eigenen Zivilisation seinen Anfang. Unter den zahlreichen Überresten auf dem Forum wollen wir unsere Beschreibung auf diejenigen beschränken, die mehr als andere durch drei grundlegende Aspekte charakterisiert und gekennzeichnet werden: den politischen, den juristisch-verwaltungsmäßigen und religiösen Aspekt.

Der politische Aspekt verkörpert sich in der Kurie (Senat), dem Comitium und der Rostra (Rednertribüne). Die Ursprünge der Kurie reichen zeitlich sehr weit zurück. Laut Überlieferung stammt sie bereits von Tullus Hostilius, dem dritten König Roms. Sie wurde mehrere Male zerstört und wiederaufgebaut. Julius Cäsar ließ sie gänzlich neu errichten, versetzte sie in die Nähe des alten Comitium und veränderte so auch ihre Lage. Der Backsteinbau, den wir heute vor uns sehen, stammt aus der Zeit des Diokletian (303 n. Chr.). Die Bronzetüren

Fassade der Kurie, Sitz des Römischen Senats. Wiedererbaut unter Diokletian (303 n. Chr.). Die Bronzetür befindet sich heute im Hauptportal der Kirche S. Giovanni i. Lateran.

Das Forum Romanum, vom Kapitol aus gesehen (v. links: Basilica Aemilia, Tempel des Antonin und der Faustina, Via Sacra, Titusbogen, Säulensockel der Dezennalien, Tempel der Vesta, Tempel der Dioskuren, Palast des Caligula auf dem Palatin, Basilica Julia, Phokassäule).

wurden durch Papst Alexander VII. entfernt und in das Hauptportal der Basilika S. Giovanni in Laterano eingesetzt. Das Innere der Kurie ist rechteckig (27 × 18 m.), die Wände waren bis zu einer bestimmten Höhe mit Marmorplatten verkleidet. Oberhalb der Marmorverkleidung befanden sich an jeder Seite drei Nischen mit kleinen Alabastersäulen. An den Seiten kann man noch jetzt die Stufen sehen, auf denen die hölzernen Sitze der Senatoren standen (ungefähr 300). Der Fußboden (der Mittelteil ist noch gut erhalten) hatte Einlegearbeiten aus Marmor, Porphyr und Serpentinstein. Vor dem Eingang muß sich ein Altar befunden haben, auf dem die Senatoren opferten, bevor sie den Raum betraten. Auf der dem Eingang gegenüberliegenden Wand gab es ein Podium für den Präsidenten und auf diesem stand an der Wand das Standbild der Viktoria.

Die Kurie, der Sitz des römischen Senats, bildete den Schauplatz für die wichtigsten Ereignisse in der Geschichte Roms.

Das *COMITIUM*, ein Gelände zwischen dem Senat, dem Septimius-Severus-Bogen und dem Lapis Niger war ein heiliger Bezirk von der Bedeutung eines Tempels. Hier fanden die Versammlungen zur Wahl der Volksvertreter statt, sowie Protestdemonstrationen gegen die vom Senat ausgeübte Macht.

Die vielen Rekonstruktionen, die das Comitium während der verschiedenen Epochen erfuhr, erschweren es, seinen genauen Standort und sein ursprüngliches Aussehen festzustellen. Wie auch immer: das Comitium und die Kurie verkörpern die tiefe Bedeutung, die sich hinter den Buchstaben S.P.Q.R. verbirgt: Senatus Populusque Romanus (der Senat und das Volk von Rom).

Die *ROSTRA* war die Tribüne, von der aus die Politiker ihre Reden hielten. Sie wurde so genannt, weil die Außenseite mit sechs bronzenen Schiffschnäbeln geschmückt war, welche die Römer auf den Schiffen in Antium während des Latinischen Krieges (338 v. Chr.) erobert hatten. Es ist bekannt, daß sie mit Säulen und Ehrenstatuen (Relief am Konstantinsbogen) dekoriert war. Die heutige Anordnung der « rostrae » stammt von Julius Cäsar, der sie in einer Achse mit dem Platz und der Julischen und Aemilianischen Basilica aufstellen ließ. Außer der Rostra existierten noch zwei weitere Rednertribünen für politische Ansprachen auf dem Forum, eine vor dem Castor- und Pollux-Tempel und eine andere vor dem Tempel des Julius Cäsar.

An den Längsseiten des Forums standen die beiden Basiliken: die Julische im Westen und die Aemilianische im Osten.

Die Basilica Julia wurde unter Julius Cäsar im Jahre 54 v. Chr. begonnen; auf dem rechteckigen Sockel erhoben sich zwei überreinanderliegende Galerien. Die Fassade zur Via Sacra hatte einen zweigeschossigen Portikus mit Rundbogen und halbrunden Säulen an Pilastern. Nachdem die Basilica zum erstenmal Opfer eines Brandes geworden war, wurde sie von Augustus (12 n. Chr.) vergrößert wieder aufgebaut. Nach einem zweiten Brand unter Carinus (248 n. Chr.) ließ sie Diokletian (303 n. Chr.) restaurieren. Dann wurde sie noch einmal durch die Goten unter Alarich zerstört, und nichts als der Fußboden blieb erhalten. Sie war Sitz der Verwaltung und der Justiz und diente als öffentlicher Versammlungsort.

Die Basilica Aemilia wurde im Jahre 179 v. Chr. von den Konsuln M. Aemilius Lepidus und Fulvius Nobilio erbaut. Sie wurde mehrere Male zerstört

und wieder aufgebaut: im Jahre 14 v. Chr., 22 n. Chr. und zuletzt durch die Goten unter Alarich im Jahre 410 n. Chr. Es war ein prachtvoller, reich mit Marmor ausgeschmückter Bau, mit zweigeschossigem Portikus im tuskischen Stil an der Eingangsseite, der mit Friesen, Tryglyphen und Metopen verziert war. Unter dem Portikus befanden sich zwölf Tavernen, jeweils sechs zu beiden Seiten des Haupteingangs. Man glaubt, daß zur Zeit des Augustus der Portikus vom Fundament der Basilika abgetragen und zu einem alleinstehenden Neubau verändert wurde. Dieser war Gaius und Lucius Caesar, den Adoptivsöhnen des Augustus geweiht. Hinter den Tavernen befand sich die große Aula der Basilika, die Marmorsäulen in vier Schiffe unterteilten. Das erste Schiff war fünf Meter breit, das Hauptschiff zwölf Meter breit und achtzig Meter lang, danach kamen die beiden Nebenschiffe, mit denen die Basilika an das Forum des Nerva angrenzte. Auf der Nordseite, die an der Via Argileta lag, welche die

Forum Romanum gegen das Kapitol, mit einer Arkade der Julia-Basilica und dem Pronaos des Saturn-Tempels, der den Schatz des römischen Volkes barg.

Das Forum Romanum vom Palatin aus gesehen (von links: Portikus der Götter (Dii Consentes), Tabularium, Saturntempel, Tempel des Vespasian, Basilica Julia, Septimius-Severus-Bogen, Kurie, Tempel der Dioskuren, Tempel der Vesta, Tempel des Antonin und der Faustina, Lapis Niger). ▶

Tempel der Dioskuren auf dem Forum Romanum: Rekonstruktion (links) und die drei erhalten gebliebenen Säulen (rechts).

Basilika von der Kurie trennte, muß sich eine Tür mit seitlichen Säulen auf Sockeln und dorischem Architrav mit Tryglyphen und Bukranen (Stierkopf-Motiven) befunden haben. Einige Wissenschaftler glauben, daß diese Stierköpfe dem ganzen umliegenden Bezirk den Namen « Campo Vaccino » (d. i. Stierfeld) verliehen haben, einen Namen, der sich bis zum vorigen Jahrhundert dort erhalten hat. Andere dagegen meinen, daß dieser volkstümliche Name einfach daher kam, daß man auf den Ruinen des Forums vor den Ausgrabungen den Viehmarkt abhielt.

Vor der Basilica Aemilia verlief die Via Sacra, die heilige Straße. Sie erstreckte sich über das ganze Forum, vom Tempel des Saturn bis zum Titusbogen, und es war die erste und wichtigste Straße der Stadt. Über sie zogen die religiösen und politischen Prozessionen zum Clivus Capitolinus, um zum Tempel des Jupiter Optimus Maximus auf dem Kapitol zu gelangen. Auf der Südostseite verliehen die drei Tempel, die in gewissem Sinn dem Forum seinen religiösen Aspekt gaben, dem Platz ein monumentales Aussehen: es waren der Castor- und Pollux-Tempel, der Tempel der Vesta und der Tempel des Julius Cäsar. Der Tempel der Dioskuren (Castor und Pollux) wurde am 1. Januar des Jahr 484 v. Chr. eingeweiht; in den darauffolgenden Epochen wurde er immer wieder restauriert. Seine heutigen Überreste, drei wunderschöne Säulen mit einem Gebälk darüber stammten aus der Zeit des Tiberius (1. nachchristliches Jahrhundert). Dieser Tempel ist mit der Geburt der römischen Republik gleichzusetzen. Er stand in der Nähe der Juturna-Quelle, wo laut der uns von Plutarch überlieferten Sage Castor und Pollux beritten erschienen, um den Römern den Sieg zu verkünden, den das Volk gegen den letzten König Roms am Regillo-See errungen hatte. Der von Tiberius wiedererrichtete Tempel stand auf einem hohen Sockel mit marmorverkleideten Stufen an der Eingangsseite. Es war ein Peripteros im Oktastil (acht Säulen an der Vorderseite). Im Pronaos befand sich eine « mensa ponderaria », eine Eichstelle für Maße und Gewichte, die wahrscheinlich den Geldwechstern und Edelmetallhändlern von der Summa Via Sacra diente. Im Tempel standen die Statuen von Castor und Pollux, die seit der Zeit, als ihnen dieser Tempel geweiht wurde, als die Schutzgötter der Freiheit Roms galten. Der Tempel wurde durch den Vicus Tuscus, der das Forum mit dem Circus Maximus verband, von der Basilica Julia getrennt.

Der Tempel der Vesta, der nur wenige Meter hinter dem Dioskurentempel lag, war einer der ältesten auf dem Forum und wurde wahrscheinlich von Numa Pompilia selbst, dem zweiten König Roms und Begründer des Vesta-Kults, gebaut. In diesem Tempel, dem wichtigsten auf dem Forum und in der ganzen Stadt, wurde von den Vestalinnen das heilige Feuer, das Symbol des Lebens der Stadt, bewacht, das aus diesem Grunde nie erlöschen durfte.

Haus der Vestalinnen auf dem Forum Romanum: Rekonstruktion (rechts) und Blick auf den Innenhof (unten).

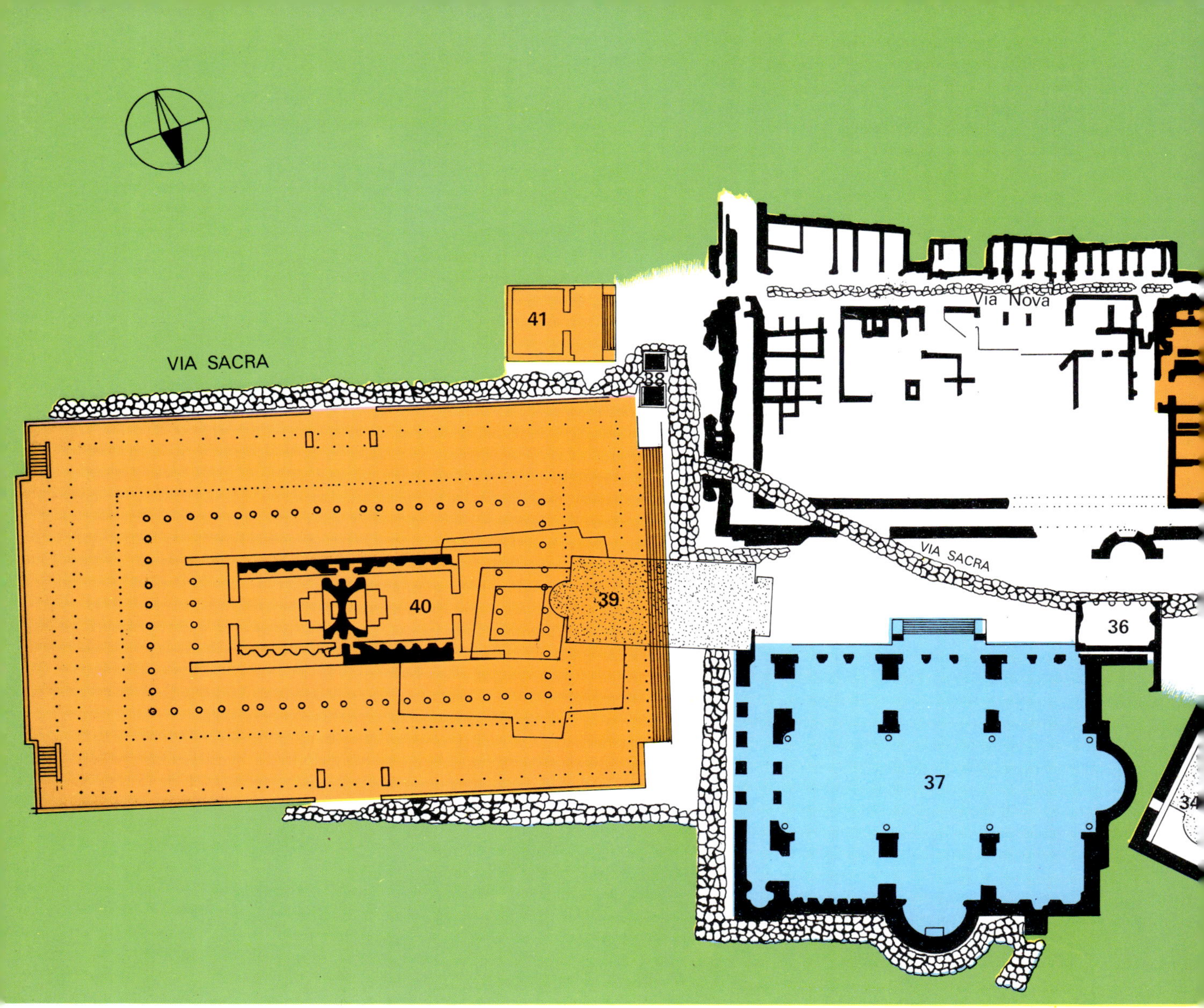

FORUM ROMANUM

Idealisierte Rekonstruktion des Forum Romanum, vom Kapitol gesehen (von links: Tempel des Julius Cäsar, Tempel der Vesta, Tempel der Dioskuren, Ehrensäulen, Ecke der Basilica Julia; im Hintergrund der Palast des Caligula auf dem Palatin).

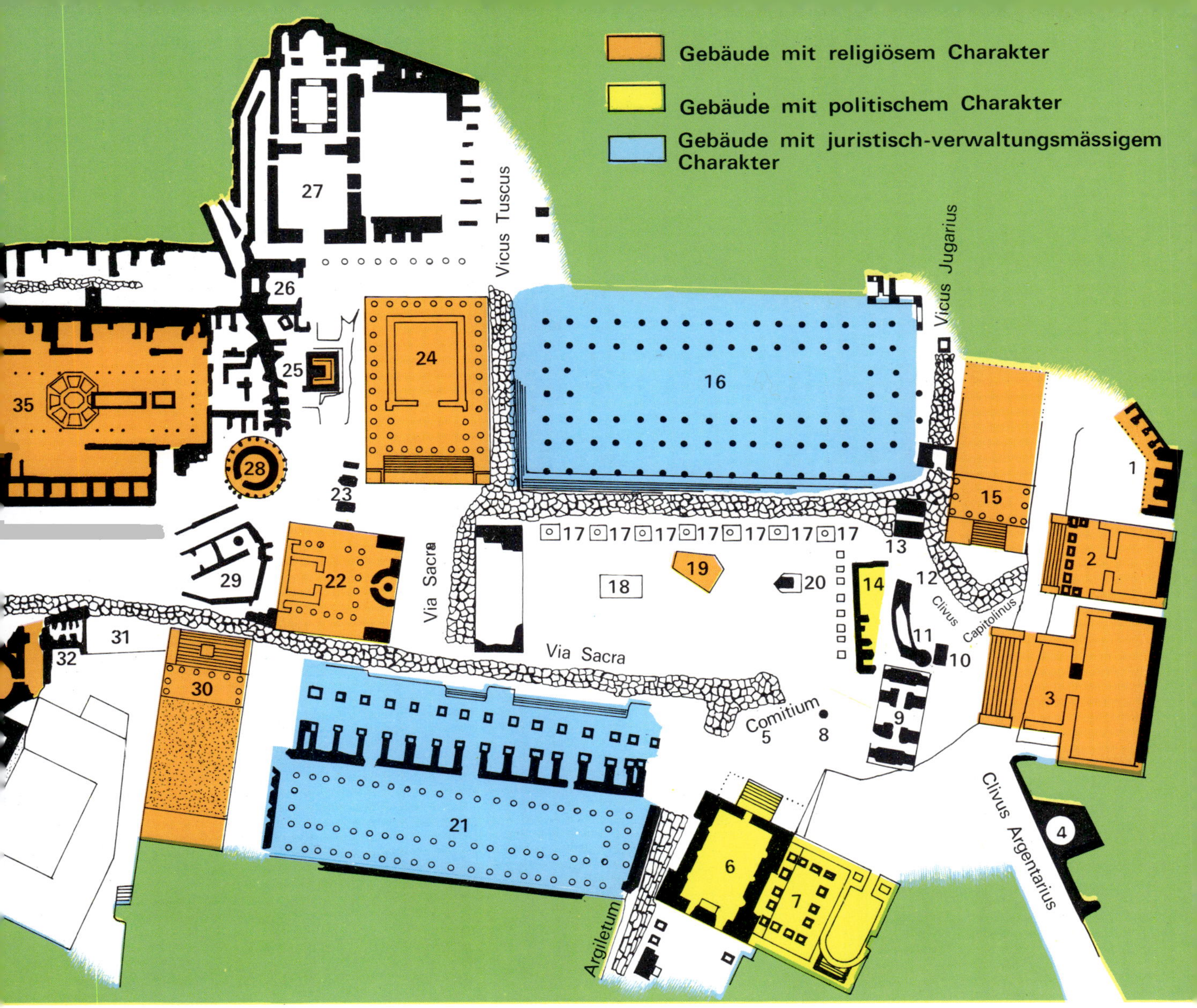

ZEICHENERKLÄRUNG

1 PORTIKUS DER DEI CONSENTES
2 TEMPEL DES VESPASIAN
3 TEMPEL DER CONCORDIA
4 MAMERTINER-KERKER
5 WAHLVERSAMMLUNGSHALLE
6 KURIE
7 SECRETARIUM SENATI
8 LAPIS NIGER
9 SEPTIMIUS-SEVERUS-BOGEN
10 ALTAR DES VULKAN
11 UMBILICUS URBIS ROMAE (DER NABEL DER STADT ROM)
12 MILIARIUM AUREUM (DER GOLDENE MEILENSTEIN)
13 TIBERIUS-BOGEN
14 ROSTRI CESAREI (REDNERTRIBÜNE)
15 TEMPEL DES SATURN
16 BASILICA JULIA
17 EHRENSÄULEN
18 REITERSTANDBILD DES DOMITIAN
19 LACUS CURTIUS
20 FOCAS-SAÜLE
21 BASILICA AEMILIA
22 TEMPEL DES CAESAR
23 AUGUSTUS-BOGEN
24 TEMPEL DER DIOSKUREN
25 JUTURNA-QUELLE UND TEMPELCHEN
26 ORATORIUM DER VIERZIG MÄRTYRER
27 BIBLIOTHECA PACIS (KIRCHE S. MARIA ANTIQUA)
28 VESTA-TEMPEL
29 REGIA
30 TEMPEL DES ANTONINUS UND DER FAUSTINA
31 ARCHAISCHES GRAB
32 HOTEL
33 TEMPEL DES ROMULUS
34 COSMAS- UND DAMIAN-KIRCHE
35 HAUS DER VESTALINNEN
36 MITTELALTERLICHER PORTIKUS
37 MAXENTIUS- UND KONSTANTINS-BASILIKA
38 TITUS-BOGEN
39 KIRCHE S. FRANCESCA ROMANA
40 TEMPEL DER VENUS UND DER ROMA
41 TEMPEL DES JUPITER STRATOR

Tempel der Vesta auf dem Forum Romanum: Rekonstruktion nach einem antiken Relief.

Der Tempel war rund und hatte, ähnlich wie die primitiven Hütten, oben eine Öffnung. Er erhob sich auf einem quadratischen Fundament, das an das Haus der Vestalinnen angrenzte. Durch eine kleine Gasse, dem Vicus Vestae, die von der Via Sacra abging, wurde er von der « Regia », der Residenz des « Pontifex Maximus » getrennt. Der Tempel, dessen sehr bescheidene Ruinen wir heute vor uns sehen, gehört in die Zeit der letzten Restaurierung, oder besser Rekonstruktion, die Julia Domnia, die Gattin des Kaisers Septimius Severus gegen das Jahr 204 n. Chr. vornehmen ließ.

Der Pontifex Maximus galt als das geistige Oberhaupt der Vestalinnen, hatte aber gleichzeitig an der Ausübung des Kultes nicht teil. Dieser war ausschließlich die Aufgabe der sechs Vestalinnen, jungen Mädchen, die den vornehmsten Familien der Stadt entstammten. Diese Frauen mußten ein Keuschheitsgelübde ablegen und ihren Dienst dreißig Jahre lang verrichten. Die Priesterinnen der Vesta genossen zahlreiche Privilegien, die Strafen jedoch, die sie für die Vernachlässigung ihrer Pflicht oder ein gebrochenes Gelübde erwarteten, waren überaus hart: sie wurden lebendig begraben. Ausführlich beschreibt

Plutarch uns das tragische Ende einer zum Tode verurteilten Vestalin: « Die unselige Schuldige wird auf einem Leichenwagen, auf dem sie mit Lederriemen festgeschnallt ist, über das Forum, den Vicus Longus und die Alta Semita bis zur Porta Collina gefahren. Die Menschenmenge öffnet sich schweigend, um die Begräbnisprozession durchzulassen; kein Wort ist zu vernehmen, nicht der geringste Klagelaut. Stille Tränen rinnen aus den Augen der Zuschauer. Die ganze Stadt bebt vor Schrecken und schmerzlicher Trauer. Zuletzt kommt der Trauerzug zu einer geöffneten Krypta, der Oberpriester streckt die Arme zu den Göttern empor und die unselige Schuldbeladene steigt mittels einer Leiter hinunter ins Grab. Kaum ist sie unten angelangt, wird die Leiter heraufgezogen, die Öffnung wird mit einem großen Stein verschlossen und ein großer Haufen Erde wird darüber aufgeschüttet, bis jede Spur dieses tragischen Ortes verwischt ist ».

An der Südostseite schließlich befand sich der Tempel des Julius Cäsar. Von ihm ist uns nur der zementierte Unterbau erhalten geblieben, d. h. die Struktur des Sockels. Verschwunden ist hingegen der ganze architektonische Oberbau. Dieser hatte einen sechssäuligen Pronaos im Ionischen Stil.

Der Sockel hatte nicht, wie sonst allgemein üblich, Stufen, sondern eine vor den Säulen verlaufende Wand, die als Rednertribüne (Rostra Nova) benutzt wurde. An dieser Wand waren die « rostrae » angebracht, die Augustus von den Schiffen der Kleopatra und des Antonius nach der berühmten Schlacht bei Actium (31 v. Chr.) hatte abschlagen lassen.

Die Überreste, die man heute noch in der Mitte der Nische des Sockels sehen kann, sind laut neuesten Studien mit dem Altar des Julius Cäsar identisch. Hier hielt Antonius seine berühmte Leichenrede für Cäsar. Die Worte dieser Rede sind uns verlorengegangen, aber durch die Inspiration und Intuition des großen Dichters Shakespeare können wir uns gut vorstellen, daß sie ähnlich geklungen haben wie die im Drama:

« Mitbürger, Freunde, Römer:
Hört mich an.
Begraben will ich Cäsar'n
Nicht ihn preisen.
Was Menschen Übles tun
Das überlebt sie. Das Gute wird mit ihnen oft
verscharrt ».

Der Tempel der Vesta auf dem Forum Romanum: ein restaurierter Teil aus der Severianischen Epoche.

Zwischen dem Tempel der Dioskuren und dem des Julius Cäsar erhob sich am Beginn des Vicus Vestae, in der Funktion eines Monumentaleingangs, der Augustus-Bogen mit drei Rundbögen, einem breiten und zwei engeren. Oben auf ihm standen zwei Soldatenstatuen und eine Quadriga. In den Rundbögen waren die *Fasti Consolari* aufgestellt, die sich heute im Kapitolinischen Museum befinden. Wir wissen, daß dieser Triumpfbogen im Jahre 29 v. Chr. eingeweiht wurde aus Anlaß des Sieges bei Actium (31 v. Chr.).

◀ Maxentius – Basilica auf dem Forum Romanum: die drei Arkaden auf der Nordseite (oben) und eine Rekonstruktion (unten).

Tempel der Venus und Roma, nach einem Entwurf des Kaisers Hadrian gebaut. Er besteht aus zwei Tempeln mit sich gegenüberliegenden « cellae », sowie Säulengängen, die seitlich davon verlaufen, sodaß sich hier ein neues Forum zwischen dem Forum Romanum und dem Kolosseum erstreckte.

Abschließend zum allgemeinen Überblick über das Forum sollten die dekorativen Elemente erwähnt werden, die es im Lauf der Jahrhunderte schmückten, wie z. B. die Triumpfbögen des Tiberius und des Septimius Severus, die zahlreichen Standbilder, wie z. B. das berühmte Reiterstandbild des Domitian, das sich mitten auf dem Platz erhob, oder die Ehrensäulen, von denen uns die Basen und interessante Fragmente erhalten geblieben sind; ebenfalls Heiligtümer ältesten Ursprungs wie der Lapis Niger, das Sacellum der Venus Cloacina; der Janus-Tempel, der « Umbelicus Urbis » (Nabel der Stadt), und das « Miliarum Aureum », der goldene Meilenstein, der die Entfernungen der Provinzen zur Vaterstadt aufzeigte. Schließlich all die Geschäfte und Werkstätten, die sanitären Einrichtungen, die Tabernakel, die Brunnen, die vielen kleineren Gebäude.

Das Forum war immer, auch in der Kaiserzeit, als es durch die zahlreichen Monumente fast zugebaut war und andere großzügere Foren geschaffen wurden, das eigentliche Herz der Stadt: schon von frühen Morgenstunden an strömte das Volk hierher – sei es wegen der Prozesse, der Geschäfte, sei es um bedeutende Politiker reden zu hören oder einfach nur, um Freunde zu treffen.

KAPITOL

Das Kapitol bildete die natürliche Festung Roms. Seine Besetzung durch die Römer war ein notwendiger Schritt zur Entwicklung Roms und zur Erhaltung seiner Existenz. Die strategisch günstige Lage des Kapitolinischen Hügels bildete ein Bollwerk gegen Fluß und Land: er beherrschte den Tiber auf der einen und das Tal des Forums auf der anderen Seite. Diese Lage erlaubte den Römern, den Fluß jederzeit nach beiden Seiten zu überqueren und bot ihnen gleichzeitig die Möglichkeit, sich auf ihm als dem natürlichen Verbindungsweg zum Meer zu bewegen. Latiner, Sabiner, Etrusker, sie alle mußten sich wohl oder übel dieser neuen aufstrebenden Macht beugen.

Der Hügel besaß zwei Erhebungen, einen nach Norden und einen nach Süden, mit einer Vertiefung dazwischen. Die nördliche Erhebung bildete seit den frühesten Anfängen Roms eine perfekte Festung: den « Arx », einen steil abfallenden Felshang. Die südliche Seite hieß Capitolinum und verdankte ihren Namen wahrscheinlich dem Fund eines großen menschlichen Schädels (caput).

Die Vertiefung zwischen den beiden Erhebungen hieß Asylum. Auf dem Capitolium erhob sich das wichtigste Bauwerk: der Tempel der Kapitolinischen Trias, der Tempel des Jupiter Optimus Maximus. Aus diesem Grund war der Hügel ständig Ziel aller Angriffe. Er wurde mehrmals durch Brand zerstört und danach jedesmal noch prächtiger und größer als zuvor aufgebaut. Es scheint, daß der älteste Tempel unter Tarquinius Priscus begonnen und unter Tarquinius Superbus vollendet wurde. Jedenfalls wurde er, wie uns der Geschichtsschreiber Livius berichtet, im Jahre 509 v. Chr., dem ersten Jahr der Republik Rom, eingeweiht. Wie die etruskischen Tempel hatte auch dieser drei « cellae », d. h. Innenräume. Die Wände und die Säulen waren aus Tuffstein, das Dach mit Holz und mit gebrannten Ziegeln gedeckt. In der mittleren « cella » befand sich eine

Das Kapitol im Altertum: plastische Rekonstruktion (links der Tempel des Kapitolinischen Jupiter zur Zeit des Domitian; rechts der Tempel der Juno Moneta, wo sich die erste Münzpräge Roms befand).

Das Kapitol heute. An den Seiten der « cordonata » die beiden Gruppen der Dioskuren, aus der späten Kaiserzeit.

Terracotta-Statue des Jupiter, ein Werk des Vulga, eines großen Künstlers aus der etruskischen Stadt Veji. In den Seitenkammern standen dementsprechend die Statuen von Juno und Minerva. Die Statue des Jupiter hielt den symbolischen Blitz in der rechten Hand. Das Antlitz war rot bemalt und er war mit kostbaren Stoffen bekleidet.

Auf dem Dach des Tempels stand eine Terracottagruppe, die den « Jupiter Triumfantes » auf einer Quadriga zeigte, ebenfalls ein Werk des Vulca aus Veji. Im Tempel wurden Zeugnisse zahlreicher Siege sowie Votivgaben aufbewahrt. Der Tempel wurde oftmals erneuert: unter Silla 83 v. Chr., unter Augustus 26 v. Chr., unter Vespasian 75 n. Chr., und unter Domitian 82 n. Chr. Bei der letzten Restaurierung erhielt der Tempel eine Jupiterstatue aus Gold und Elfenbein, ähnlich wie die Statue des olympischen Zeus. Der Tempel war ganz mit Marmor verkleidet, um ihn vor weiteren Bränden zu bewahren. Auf dem Giebel waren die « acroteria »,

die Giebelverzierungen angebracht: in der Mitte die Bronze-Quadriga des Jupiter, an den Seiten die der Minerva und des Mars. Die Säulen waren aus weißem pentelischem Marmor, das Dach mit vergoldeten Bronzeziegeln gedeckt und die Türen mit Blattgold überzogen. Dieses kostbare Material wurden von den Horden der Gotenkönige abgeschleppt. Im heutigen Konservatorenpalast kann man jetzt nur noch die großartigen Rest der Stylobaten, der Säulenbasen sowie Säulenfragmente bewundern.

Der Haupteingang zum Kapitolinischen Bezirk lag auf der Südostseite zum Forum hin, beim « Clivus Capitolinae, wo sich das Tabularium oder Staatsarchiv befand. In der Tempelzone und in der näheren Umgebung standen zahlreiche kleine Tempel, Altäre, Schreine und Bogen, deren genauer Standort sich nicht mehr ausmachen läßt. Außerdem gab es zahlreiche Statuen und Büsten von Generälen und Kaisern. Der Bezirk war von all diesen Dingen so vollgebaut, daß Augustus sie von dort wegbringen und an einer anderen Stelle der Stadt, dem Campus Martius, neu aufstellen ließ.

Es gab dort auch mehrere Triumpfbögen, darunter den des Scipio Africanus, der mit sieben vergoldeten Bronzestatuen geschmückt war. Auf dem Nordhügel über dem Felsen erhob sich der sehr alte Tempel der Juno Moneta (244 v. Chr.).

Das « Mosaik der Tauben » aus der Hadrians-Villa, jetzt im Kapitolinischen Museum. Es ist in perfekter Technik ausgeführt (opus vermiculatum) und wurde wahrscheinlich nach einem berühmten Original aus Pergamon, das Plinius erwähnt, kopiert. ▶

Reiterstandbild des Mark Aurel (161-180 n. Chr.), das sich zuerst im Lateran befand. Im Jahre 1538 wurde es aufs Kapitol gebracht. Es ist das einzige Reiterdenkmal eines Kaisers, das uns erhalten geblieben ist.

Das Kapitol war Symbol und Bewacher der religiösen und politischen Kräfte Roms. Heute ist es dank der genialen Anordnung Michelangelos und seiner Nachfolger wieder aus den Ruinen erstanden, und es braucht seiner glorreichen Vergangenheit nicht nach zutrauern: der Platz, in dessen Mitte sich das majestätische Reisterstandbild des Mark Aurel erhebt, und die Paläste, die ihn einrahmen, bilden eine Oase perfekter Architektur, deren Schönheit im Lauf der Zeit nur noch zunehmen kann. Was aber dem Kapitol seine antike Bedeutung wiedergibt, ist nicht nur die Tatsache, daß sich auch heute wieder Bürgermeister und Verwaltung von Rom dort befinden, sondern vor allem, daß es dort das älteste Museum der Welt gibt (1471).

Papst Sixtus IV. war es, der, wie die Gedenktafel sagt, mehrere außergewöhnlich wertvolle Bronzestatuen dem römischen Volk, das sie einst erschuf, zurückgab. Diese Statuen waren: die römische Wölfin, Camillus, der Dornauszieher, und der sogenannte Kopf des Domitian, den man später als den Kopf Konstantins II. identifizierte. Im Jahre 1566 schenkte Pius V. dem Museum dreißig Statuen aus dem Vatikan, später noch weitere. Im Jahre 1714 übergab Clemens XI. dem Kapitol fünf ägyptische Statuen, die in der Nähe der Porta Salaria gefunden worden waren. Das Jahr 1733 war sehr wichtig für das Kapitolinische Museum, denn in diesem Jahr wurde die Sammlung des Kardinals Alessandro Albani aufgekauft. Diese enthielt die Portraits, die sich heute im « Sala degli Imperatori » und « Sala dei Filosofi » befinden. Unter Papst Clemens XII. erhielt das Museum eines seiner Meisterwerke, nämlich den « Sterbenden Gallier ». Dank Papst Benedikt XIV. wurde die Gemälde-Galerie eröffnet. Im Jahre 1750 wurde die Kapitolinische Venus erworben, im Jahre 1765 das Mosaik mit den Tauben sowie zwei Zentauren aus grauem Marmor aus der Hadrians-Villa. Im Jahre 1734 wurde das Museum für das Publikum geöffnet, und seitdem sind seine Sammlungen stets erweitert worden.

Die Sammlungen des Kapitolinischen Museums, Marmor- wie Bronzestatuen, Malereien und Mosaiken, alle stammen sie aus Rom selbst. Sie sind nicht nur eine bunt zusammengewürfelte Kunstsammlung, sondern eine beispielhafte Verkörperung der « Schätze des alten Rom ».

Die « Kapitolinische Venus » nach einem griechischen Original aus dem IV.-III. Jahrhundert v. Chr. (Kapitolinisches Museum).

Skulpturen im Kapitolinischen Museum: oben die Statue des « Sterbenden Galliers », nach einem Original aus Pergamon aus dem III. Jahrhundert v. Chr.; unten: Sarkophag mit Schlachtszenen zwischen Griechen und Galliern, aus dem II. Jahrhundert n. Chr. ▶

Die « Kapitolinische Wölfin », eine etruskische Skulptur aus dem V. vorchristlichen Jahrhundert, mit den Zwillingen, die von Pollaiolo ergänzt wurden (Konservatoren-Palast).

Von links: Bronzebüste aus dem III. vorchristlichen Jahrhundert, der sogenannte « Kapitolinische Brutus » (Konservatorenpalast). Kopf einer Frau vom Ende des ersten nachchristlichen Jahrhunderts. Büste des Kaisers Commodus (180-192 n. Chr.), in der Gestalt des Herkules (Kapitolinisches Museum).

RELIGION UND TEMPEL

Der älteste Tempel auf dem Kapitol ist nicht nur von der Architektur, sondern auch vom Ritus her durch die Etrusker bestimmt, da er der Trias Jupiter, Juno und Minerva geweiht war. Man nannte ihn kurz Jupiter-Tempel oder Tempel des Kapitolinischen Jupiter, oder auch einfach Capitolinum. Während des ganzen Antike blieb er der wichtigste Tempel der Stadt, und wurde zum Symbol römischen Geistes, und zwar in solchem Maße, daß jede römische Siedlung in Italien und in den Provinzen ihr eigenes Capitolinum hatte.

Die römische Religion, die schon in ihren Anfängen die etruskische Trias aufgenommen hatte, bereicherte sich im Lauf der Jahrhunderte mit den Gottheiten vieler Völker, die die römische Zivilisation angenommen hatten. Ja, die durch Literatur und Kunst schon berühmten griechischen Gottheiten wurden den alten italischen angeglichen, die einen ganz anderen Charakter hatten. So wurde aus Hera Juno, aus Athene Minerva, aus Ares Mars, aus Aphrodite Venus usw.; nur Apollo blieb das, was er schon in der griechischen Mythologie gewesen war. Aus dem griechischen wurde also ein römischer Olymp, zu dem viele fremde Götter hinzukamen, wie die Magna Mater (Cybele), die ihren Tempel auf dem Palatin hatte, Isis, der ein Heiligtum im ägyptischen Stil auf dem Marsfeld geweiht war, sowie die orientalischen Gottheiten, von denen man ein Heiligtum auf dem Janicolo entdeckt hat; endlich Mithras, der persische Sonnengott, dessen Kult mit Eintrittsweihen, Mysterien und symbolischen Zeremonien

Tempel auf dem Forum Boarium: links Rundtempel aus dem 1. vorchristlichen Jahrhundert, fälschlicherweise Vesta-Tempel genannt; rechts ein rechteckiger Tempel aus Republikanischen Zeit, Tempel der Fortuna Virile genannt.

Ara Pacis Augustae (der Friedensaltar des Augustus); er wurde in den Jahren 19 bis 13 v. Chr. auf der Via Lata, heute Via del Corso, erbaut; im Jahre 1938 wurde er von G. Moretti rekonstruiert.

sich mehr als alle anderen verbreitete (Mithräen befinden sich unter S. Prisca, unter den Caracalla-Thermen, unter S. Clemente, unter dem Barberini-Palast, in Ostia Antica usw.).

Neue Götter, die wir heute politische Götter nennen würden, wurden in diesen Olymp aufgenommen: die Dea Roma, die Dea Concordia, der Divus Augustus sowie die anderen Kaiser, die sich selbst zu Göttern erhoben hatten, wie der Divus Vespasian, der Divus Titus, der Divus Trajan und der Divus Hadrian; vor allem aber gab es die Friedensgöttin, der Augustus einen Altar, einen großen Tempel und sogar ein Forum weihte.

Alle diese Gottheiten, alte wie neue, etruskische, italische, griechische, orientalische und typisch römische, schufen jenen religiösen Synkretismus, der dem späteren Christentum schon den Weg bahnte.

Architektonisch gesehen gebrauchte man für die römischen Tempel analog zu ihren unterschiedlichen Kulten unterschiedliche Bauweisen und Bauelemente: die griechischen Modelle wurden modifiziert und mit dekorativen Elementen bereichert; der lange Zeit vorherrschende korinthische Stil ging in eine Verbindung aus korinthischem und ionischem Stil über, während sich der tuskische Stil, der bereits aus dorischen und etruskischen Elementen bestand, weiterhielt und weiterentwickelte.

Neben den früheren rechteckigen Formen oder solchen, die von einfachen Säulenreihen (peripteros), manchmal auch von doppelten (dipteros) umgeben waren, entwickelte sich der Rundtempel, dessen Form von der alten Rundhütte herrührte (der Vesta-Tempel, der Tempel der Sibylle in Tivoli, der Tempel auf dem Forum Boarium).

Als die Zivilisation im Kaiserreich ihre höchste Blüte erreichte, wollte Hadrian, Architekt, Dichter und Philosoph, sozusagen symbolhaft die Formen der griechischen und der römischen Architektur in einem Bauwerk vereinigen: dem Pantheon, einem Tempel, der allen Göttern zugleich geweiht war. Es war Roms größter Tempel, und es ist auch der einzige, der uns ganz intakt erhalten geblieben ist, da der christliche Kult dort unmittelbar auf den heidnischen folgte. So überdauerte er als lebendiges Heiligtum alle Zeitalter. Auch vom funktionalen Gesichtspunkt aus veränderte das Pantheon die geistige Idee des Tempels, wie sie bis dahin vorherrschte: es gab nun keine enge « cella » mehr, die nur den Götterbildern und den Priestern vorbehalten blieb, sondern ein großer Raum breitete sich aus, der eine gläubige Menschenmenge aufnehmen konnte, die nun nicht mehr als « Profane » vom Gottesdienst ausgeschlossen blieb. Es ist in der Tat ein ganz neues Konzept, das die christliche Idee der « ecclesia » schon vorausnimmt, einer Kirche, gedacht als Einheit der Gläubigen, die aus sich selbst gebildet wird.

Was die Urbanistik betrifft, so bildeten die Tempel Fixpunkte in der Stadt, von wo aus sich Straßen, Foren, Monumentalkomplexe entwickelten. Viele von ihnen werden wir genauer bei unserer Beschreibung der Bauten des antiken Rom betrachten.

Ara Pacis (Friedensaltar des Augustus)

Als Augustus siegreich von seinen Feldzügen in Gallien und Spanien heimkehrte, beschloß er, den Frieden, den er geschaffen, mit einem Bauwerk zu feiern: mit dem Ara Pacis Augustae, dem Friedensaltar. Mit dem Bau wurde 14 v. Chr. begonnen, eingeweiht wurde er 9 v. Chr.

Zweifellos zeigt dieses Monument am besten die künstlerischen Errungenschaften der augustäischen Ära: das Zusammenspiel raffinierter Eleganz, hellenistischer Kunst des Orients und reflektierter Größe des römischen Charakters. Abgesehen von seinem künstlerischen Wert hat der Friedensaltar eine wichtige politische Bedeutung, nämlich das ernsthafte Wollen, einen dauerhaften Frieden zu schaffen – den römischen Frieden unter Augustus. Es ist ein Frieden, der göttlichen Charakter annimmt.

Das Bauwerk besteht aus einem quadratischen Sockel mit je einem Eingang an der Ost- und Westseite. In der Mitte steht der Altar.

Die Innenwände des Bauwerks sind mit Reliefs geschmückt, die Guirlanden und Stierköpfe zeigen. Die Außenwände, die künstlerisch wichtiger sind, tragen an den Eingangsseiten Reliefs mit Darstellungen aus der Entstehungsgeschichte Roms: die Luperkalien, das Opfer des Äneas, die Personifizierungen der Welt und Roms; auf dem unteren Teil zieht sich rund um die vier Außenwände ein Fries mit Akanthusblättern und der Darstellung verschiedener Tiere; auf dem oberen Teil der Längsseiten ist eine von Augustus angeführte Prozession dargestellt.

Ara Pacis Augustae: eine Reliefplatte mit der Weihprozession; in der Mitte die Gestalt des Agrippa.

PANTHEON

Das Pantheon verkörpert den höchsten Ausdruck von architektonischem Genie und baulichem Können im alten Rom.

Seine Ursprünge gehen auf Agrippa zurück, der in den Jahren 27 bis 25 v. Chr. mit einem Tempel, der allen Göttern geweiht sein sollte, dem neuen Viertel auf dem Marsfeld ein ideelles Zentrum geben wollte. Aber das Pantheon des Agrippa können wir uns nicht einmal mehr vorstellen, denn der Tempel wurde in den Jahren 120-125 n. Chr. unter Kaiser Hadrian in gänzlich erneuerter Form erbaut. Dieser ließ in einem Akt von Bescheidenheit, – der um so höher zu bewerten ist, wenn man bedenkt, daß er selbst es ja war, der den Neubau entworfen und geschaffen hatte – wortwörtlich Agrippas Inschrift an der Tempelfassade wieder anbringen.

Die Form des Hadrianischen Pantheon ist in jeder Weise außergewöhntlich, denkt man an die Tempel gleichen Alters. Er setzt sich aus zwei ganz verschiedenen Teilen zusammen: einem Pronaos mit Säulen und einer gigantischen runden « cella », die von einer Kuppel überdacht wird, welche die ganze Struktur beherrscht.

Der Pronaos, im traditionellen Stil griechischer Tempel, besteht aus 16 monolithischen Säulen, acht an der Fassade aus grauem Granit, vier an den Seiten und vier im Innern aus rosa Granit. Alle tragen herrliche korinthische Kapitelle aus weißem Marmor. Jede Säule ist 12,50 Meter hoch und wiegt ungefähr 60 Tonnen.

Der Pronaos ist mit der Rotunde durch einen gradlinigen Baukörper verbunden, der so breit wie der Portikus und so hoch wie die Rotunde ist. Dekoriert ist er mit großen kannelierten Parasten sowie mit Friesen mit Kandelabern und Guirlanden.

Das noch heute intakte Eingangsportal aus Bronze ist das größte und auch einzige Exemplar der uns erhalten gebliebenen römischen Eingangstüren. Die architektonische Schönheit des Pantheon entfaltet sich vor allem im Innern, durch die perfekte Harmonie der Formen, durch den Rhythmus, mit dem der Raum gegliedert und die Höhe unterteilt ist, sowie durch die Großartigkeit des Zusammenspiels der Strukturelemente in diesem majestätischen Bauwerk.

Das Geheimnis der inneren Proportionen besteht im perfekten Gleichgewicht von Durchmesser und Höhe (43,30 Meter), sodaß man theoretisch im Raum einen perfekten Kreis ziehen könnte, der in der oberen Hälfte die innere Kurve der Kuppel ergeben würde.

Dies ist bis heute die größte jemals aus Backsteinen erbaute Kuppel und sie übertrifft die von Sankt Peter in Rom um 78 cm, die des Brunelleschi in Florenz um 1,33 m und die von St. Paul in London um 12,30 m in der Breite.

Das mächtige zylindrische Mauerwerk, das die Kuppel trägt, wird leichter und bewegter durch acht große Öffnungen, zwei in Nischenform für Eingang und Absis, sechs mit Architraven. Das Gebälk der sechs Vertiefungen wie auch das der beiden Absiden wird von jeweils zwei herrlichen monolithischen Säulen im goldgelben Farbton oder aus buntem Pavonazzetto-Marmor getragen.

Der Fußboden bewahrt, trotz häufiger Restaurierung, sein ursprüngliches Muster und den Originalmarmor (besonders bemerkenswert sind die Einlegearbeiten aus Porphyr).

Die Anordung des Oberteils mit Blindfenstern entstammt einer verfälschten und kalten Restaurierung des XVIII. Jahrhunderts; nur ein geringer Teil auf der rechten Seite, wo Porphyr-Lisenen eine Säulenreihe vortäuschen, die das Kuppeldach tragen, entspricht der ursprünglichen dekorativen Anordnung.

Auch die Kuppel (von der Dion Cassius schrieb, daß sie dem Himmelsgewölbe gleiche) wird durch fünf konzentrische Kreise aufgelockert, deren Kassetten nicht aufgelegt, sondern durch Vertiefungen gebildet sind. Den Abschluß bildet das große « Auge » in der Höhe mit fast neun Metern Durchmesser, das den gesamten Innenraum beleuchtet.

Diese einzige Lichtquelle aus der Höhe ist von sehr wichtiger Bedeutung im räumlichen Effekt des Ganzen, weil sie eine Beleuchtung ohne große Kontraste möglich macht.

Ebenfalls bewundernswürdig in seiner architektonischen Harmonie ist die Bautechnik des Pantheon: es ist ein Meisterwerk des Mörtelbaus, der, zusammen

◀ Plastische Rekonstruktion der Gegend um das Pantheon: in der Mitte des Platzes der Bogen der Pietas.

Inneres des Pantheon, gegründet von Agrippa im 1. Jahrhdt. v. Chr., in neuer Form von Kaiser Hadrian im Jahre 123 n. Chr. erbaut.

mit der großartigen Idee von Bogen und Gewölbe angewandt, die größte und dauerhafteste Entdeckung der römischen Ingenieurwelt wurde.

Die Überdachung des enormen Raums (über 53.000 Kubikmeter Hohlraum) wurde vor allem möglich durch die Konzentration von Gewicht und Druck auf die acht großen gemauerten Pilone, die sich im tragenden Unterbau befinden; zweitens durch die Anwendung von Mörtelbau in horizontalen Schichten, mit unterschiedlichem Material, das nach oben zu immer leichter wird (Blöcke aus Travertin, Tuff, Ziegel, vulkanisches Gestein). Die Dicke dieser Schichten verringert sich nach oben von 5,90 m auf 1,50 m.

Der Ring des großen Auges bildet den Abschluß des Gewölbes. Er ist aus Backstein von 1,40 m Dichte.

Dieser mächtige Mörtelbau, der dem Ganzen eine Haltbarkeit monolithischer Struktur verleiht, wird durch eine Ziegelverkleidung verstärkt. Die Kuppel hat eine 15 cm dicke wasserdichte Auflage, die wiederum mit Bronzeplatten bedeckt ist.

Die Vollendung dieses großen architektonischen Meisterwerks muß mehr als ein Jahhundert in Anspruch genommen haben, da Septimius Severus und Caracalla Restaurierungsarbeiten vornehmen ließen, wie es eine Inschrift auf dem Gebälk kundtut. Es war eines der wenigen Bauwerke, das von den Verwüstungen der Barbaren verschont blieb. Mit dem Aufkommen des Christentums wurde aus dem Pantheon eine Kirche zu Ehren der Muttergottes und aller Märtyrer, nachdem der oströmische Kaiser Phokas aus Byzanz es Papst Bonifaz IV. im Jahre 608 übergeben hatte.

Die Päpste ließen häufig Restaurierungen am Pantheon vornehmen, besonders Papst Urban VIII. und Alexander VII., mit der Rekonstruktion der linken Seite des Pronaos, wo sie drei umgefallene Säulen durch andere aus den nahegelegenen Alexander-Thermen ersetzen ließen. Aber sie ließen auch viel Material abtransportieren.

Urban VIII. aus dem Hause Barberini selbst ließ das Bronzedach des Pronaos abmontieren, um damit den Baldachin in der Peterskirche zu decken (« Quod non fecerunt barbari, fecerunt Barberini »).

Seit dem XVI. Jahrhundert wurden im Pantheon berühmte Leute, besonders Künstler, beigesetzt: Raffael und seine Braut Maria da Bibbiena, Annibale Carracci, Baldassare Peruzzi, Perin del Vaga, Giovanni da Udine, Taddeo Zuccari, Vignola, Arcangelo Corelli.

Seit der Renaissance wuchs die Berunderung der Künstler und Wissenschaftler aus aller Welt für das Pantheon. Es wurde von Bramante, Raffael, Palladio als Modell verwandt; Michelangelo nannte es einen « engelsgleichen, nicht menschlichen Entwurf ».

Auch im Barock ließ sich Bernini z.B. hier für sein Meisterwerk, die Kirche San Andrea al Quirinale, inspirieren (wenngleich die zwei häßlichen Glockentürme, « Eselsohren » genannt und im Jahre 1882 wieder abgerissen, auf sein Schuldkonto kommen).

OBELISKEN IN ROM

Die Obelisken gelangten nach Rom, nachdem Ägypten Teil des römischen Weltreiches geworden war. Kaiser Augustus war es, der gegen das Jahr 10 v. Chr. den großen Obelisk Ramses II. aus Heliopolis nach Rom schaffen ließ, um ihn auf der Spina des Circus Maximus aufstellen zu lassen. Zur gleichen Zeit ließ Augustus auch einen Obelisken aus Heliopolis aus dem VII. vorchristlichen Jahrhundert holen, der heute auf dem Montecitorio steht, in dessen Nähe er auch früher stand. Der Obelisk diente als « gnonom », als Untersatz für eine Sonnenuhr.

Aus der Zeit des Augustus stammen auch die zwei Obelisken, die an den Seiten des Mausoleums aufgerichtet waren und sich heute auf dem Esquilin und auf dem Brunnen des Quirinal erheben. Die Obelisken auf der Piazza Minerva, auf dem Brunnen vorm Pantheon, in der Villa Albani, auf dem Dogali-Monument, in den Boboli-Gärten in Florenz und in dem Spheristerion in Urbino stammen alle vom Isis-Tempel, der auf dem Marsfeld in der Nähe des Hadrian-Tempels stand. Der Obelisk des Vier-Flüsse-Brunnens auf der Piazza Navona stammt aus einer Villa des Domitian in der Nähe von Albano. Er wurde inmitten des Circus Maximus aufgerichtet, zuletzt ließ ihn Bernini im Jahre 1649 auf die Piazza Navona schaffen.

Der Obelisk vor der Kirche Trinita dei Monti stammt aus den Gärten des Sallust nahe der Porta Pinciana, wo er bis 1557 lag. Auf seinen heutigen Standort kam er 1789.

Der Obelisk auf dem Pincio stammt aus einem Bauwerk, das zu Ehren des Antinous an der Via Libicana erbaut worden war. Im Jahre 1633 wurde er in den Hof des Barberini-Palastes gebracht, später in den Cortile della Pigna, und im Jahre 1822 ließ ihn Valadier auf den Pincio bringen. Die beiden letztgenannten Obelisken sind römischen Ursprungs, wie die sie schmückenden imitierten Hyroglyphen zeigen.

Der letzte der großen Obelisken, zugleich der höchste und älteste, stammt von den Pharaonen Thotmoses III. und IV. (1500 v. Chr.) aus Theben. Er wurde von Konstantin II. Im Jahre 357 n. Chr. nach Rom gebracht, und im Circus Maximus als Gegenstück zu dem des Augustus aufgerichtet.

Ägyptischer Obelisk auf der Piazza Minerva, aus dem VI. Jahrhundert v. Chr., aus dem nahegelegenen Tempel der Isis. Der Elefant, der ihn trägt, nach einem Entwurf des Bernini, (1667) wird auch scherzhaft der « Floh der Minerva » genannt.

◀ **Ägyptischer Obelisk auf dem Petersplatz. Er stand früher auf der Spina der Zirkusanlage des Caligula und Nero (er ist 25,50 m hoch).**

Hadrians-Villa - Privatbibliothek: Rekonstruktion (Museo della Civiltà Romana).

BIBLIOTHEKEN UND SCHULEN

Die Gliederung der Bibliotheken des antiken Rom war durch architektonische Strukturen gegeben. Fast immer bestanden sie aus zwei rechteckigen Räumen, u.zw. einem für die lateinisch, einem für die griechisch verfassten Bücher. Es war das jeweils eine große Aula mit rechteckigen Nischen an den Wänden, in denen sich die Schränke für die Schriften befanden (Schriftrollen, Pergamente, Papyrus). Rund um die Aula reihten sich kleinere Räume, die als Büros für die Bibliothek dienten. Oft wies die Bibliothek auch einen Portikus, einen Säulengang auf, der als Treffpunkt und Gesprächsort für die Besucher der Bibliothek diente. Oft schlossen sich die Bibliotheken an ausgedehntere Architekturkomplexe an, besonders an Thermen (die Bibliothek der Caracalla-Thermen), und Tempel (z.B. die Bibliothek des Palatinischen Apollo, des Augustus-Tempels, des Friedens-Tempels und vielleicht auch des Pantheons).

Die erste uns bekannte Bibliothek war die von Asinius Pollion (28 v. Chr.) und befand sich im Atrium Libertatis. Eine weitere Bibliothek befand sich im Palast des Kaisers Tiberius, und berühmt war auch die Bibliothek des Trajans-Forum.

Man nimmt an, daß Rom am Ende der Kaiserzeit ungefähr 40 öffentliche Bibliotheken besaß und viele hundert Privatbibliotheken. Sehr wahrscheinlich waren die damaligen Bibliotheken sehr ähnlich organisiert wie die heutigen: die Besucher dieser Bibliotheken konnten die Bücher zwecks besseren Studiums sogar entleihen. Dazu erwähnt Lanciani, daß Aulus Gellius, um die Wahrheit seiner Behauptung zu begründen, daß das Trinken von eisgekühltem Wasser in der heißen Jahreszeit viele Leiden verursache, und um seine Diskussionspartner zu überzeugen, in die öffentliche Bibliothek lief – er befand sich als Gast in einer Villa in Tivoli – um ein Buch von Aristoteles zu entleihen, das seine Behauptungen bestätigte.

Die Bücher, oder besser gesagt, die Schriftrollen, waren außerordentlich kostbar, und wir wissen durch Cicero, daß der Preis eines Werkes im Schnitt ungefähr 3000.-DM nach unserer heutigen Währung betrug. Dadurch erklärt sich die große Anzahl von öffentlichen Bibliotheken, die seit der Zeit des Kaisers Augustus (1. Jhdt.) vom Staat eingerichtet worden waren.

Der bedeutendste Büchermarkt des alten Rom befand sich im Argileto-Viertel (vom Forum Romanum zur Suburra). An den Seiten des Eingangs zu jeder Buchhandlung waren ins Auge fallende An-

kündigungen mit den Titeln und Preisen der Neuheiten auf dem Büchermarkt angezeigt. Jeder « Buchhändler » – oder besser gesagt Verleger – suchte einen bedeutenden Autor für sich zu gewinnen. So waren die Gebrüder Sosias die Verleger des Horaz; Atectus und Secondus von Martial; Quintus Atticus von Cicero; Dorus von Seneca etc.

Es scheint uns fast unmöglich, aber es ist bewisien, daß es den Kopisten jener Zeit gelang, sogar hunderttausend Kopien eines jeden Werkes anzufertigen und diese jeweils auf den verschiedenen Verkaufsplätzen anzubieten (Plinius der Jüngere). Trotz des märchenhaften Verdienstes der Verleger – zieht man die Bücherpreise in Betracht – stand den Autoren nicht das heute gebräuchliche Urheberrecht zu, sondern nur unregelmäßig anfallende Prämien.

Für die Schulen gab es keine besonderen Gebäude, der Unterricht fand in Räumen am Forum oder in den Basiliken statt.

Eine Schule hatte ihren Sitz in der Basilica Argentaria auf dem Cäsar-Forum, wie aus von Schülern hinterlassenen Graffiti hervorgeht (Alphabeth, Verse von Virgil etc.). Im 4. Jhdt. n. Chr. gab es Schulen auf dem Augustus- und auf dem Trajans-Forum (in den Hemizyklen). Vielleicht wurde die erste Universität mit einem eigenen Sitz vom Kaiser Hadrian gegründet: das Athenaeum, « ludus ingenuarium artium ».

TRIUMPFBÖGEN

Man glaubt ganz allgemein, daß der Triumpfbogen eine römische Schöpfung sei. Es soll hier daran erinnert werden, daß die Triumpfbögen, die einen funktionalen wie harmonischen Zweck innerhalb der Stadtplanung Roms hatten, zum integralen Bestandteil der Stadt gehörten. Oft standen sie am Anfang oder am Ende einer Straße, (der Titusbogen am Anfang der Via Sacra) oder sie hatten Eingangsfunktionen (der Trajansbogen am gleichnamigen Forum). Manchmal dienten sie auch als Sockel für Statuen. Die ältesten uns in Rom bekannten sind die des L. Stertinius auf dem Forum Boarium sowie auf dem Circus Maximus von Jahre 196 v. Chr., die Statuen in vergoldeter Bronze trugen. Es folgt der des Scipio auf dem Kapitol (190 v. Chr.). Aus Registern jener Zeit haben wir Kenntnis von 36 existierenden Triumpfbögen. Auch wenn die meisten von ihnen zerstört wurden, gibt es immer noch genug, die die Zeiten überdauerten und uns so die Möglichkeit bieten, die ästhetische und urbanistische Bedeutung dieser Bauten zu erfassen, die so wichtig für die Kunst und die Geschichte des alten Rom waren.

Der Titus-Bogen auf der Via Sacra, von Domitian Ende des 1. nachchristlichen Jahrhunderts zu Ehren des Divus, des « Göttlichen » Titus erbaut, um die Eroberung Roms über Judaea zu feiern. Valadier restaurierte ihn im Jahre 1821.

Titusbogen

Der Titus-Bogen, monumentales Eingangstor zum Forum Romanum auf dem höchsten Punkt der Via Sacra, wurde erbaut, um den triumphalen Sieg des gleichnamigen Kaisers über Judaea (70 n. Chr.) zu feiern. Die wunderbare Weihinschrift auf dem Attikus datiert den Bau in die Zeit des Domitian (81-96 n. Chr.), nach dem Tod des zum Gott (divus) erhobenen Titus (dieser Titel wurde nur den Kaisern vom Senat verliehen, die ihn sich im Leben verdient hatten). Der Bogen ist in seiner Einfachheit, in der Eleganz seiner Proportionen sowie in seiner bildnerischen Dekoration ein herrliches Beispiel von Sachlichkeit und Ausgewogenheit.

Die Reliefs im Innern des Bogens stellen die beiden Höhepunkte des Triumpfzuges dar: auf der einen Seite sieht man die Soldaten, welche die erbeuteten Schätze aus dem Tempel in Jerusalem tragen, den siebenarmigen Leuchter, die silbernen Posaunen, sowie den Tisch für das Brot und zwei Tafeln, auf denen die Namen der in Judaea eroberten Städte eingraviert sind. Die Prozession ist gerade dabei, durch einen Bogen zu gehen, der nur halb zu sehen ist, da die andere Seite gemalt war. Man muß dabei bedenken, daß das Relief bunt bemalt war. Auf der anderen Seite können wir die Quadriga das Kaisers und die um ihn versammelten Legionäre bewundern. Die Göttin Victoria ist dabei, den siegreichen Kaiser zu krönen, und die Dea Roma im Gewand einer Amazone führt die Pferde am Zügel.

Obwohl uns die Reliefs des Titus-Bogen in einem beklangenswerten Zustand erhalten sind, bilden sie dennoch den höchsten Ausdruck des illusionistischen Stils römischer Bildhauerkunst.

Die unterschiedliche Tiefe des Reliefs, die Licht- und Schattenwirkungen vermitteln den Eindruck, als ob die Figuren sich wirklich bewegten; und diese Wirkung muß durch die bunte Bemalung und die Vergoldung noch stärker gewesen sein.

Die beiden Reliefs auf den Durchgängen des Titus-Bogen, mit Szenen aus dem Jüdischen Krieg: oben der Transport der Kriegsbeute; unten die Quadriga des Kaisers.

Septimius-Severus-Bogen

Er wurde durch Septimius Severus erbaut und war auch für seine Söhne Caracalla und Geta bestimmt; später ließ Caracalla den Namen seines Bruders Geta entfernen (« damnatio memoriae » – die Auslöschung aus dem Gedächtnis – der römische Prozess, alle Spuren eines Menschen zu verwischen). Der Bogen wurde errichtet, um an die ersten zehn Regierungsjahre des Kaisers zu erinnern sowie an seine Siege über die Parther, die Araber und die mesopotamischen Völker.

Das Bauwerk hat drei Rundbögen; die Säulen stehen nicht direkt an den Wänden. Ursprünglich verlief die Straße nicht durch die Bögen, sondern dort befanden sich Stufen. Auf dem Attikus über der großen Inschrift waren Figuren von Barbaren aufgestellt. Neben der Schönheit der architektonischen Proportionen, die dieses Bauwerk geradezu zum Modell werden lassen, sticht die außerordentlich üppige Ausschmückung mit Bildhauerarbeiten hervor. Diese zeigen Szenen aus den kaiserlichen Feldzügen im Orient und die Huldigungen der unterworfenen Völker.

Septimius-Severus Bogen (203 n. Chr.): Seite zum Forum.

Der Konstantins-Bogen mit Palatin im Hintergrund.

Konstantinsbogen

Der Konstantinsbogen, der in das Jahr 316 n. Chr. datiert, wurde errichtet zu Ehren der « Dezennalien », d. h. zur Jahrzehntfeier der Regierungszeit des Kaisers, sowie seines Sieges über Maxentius an der Ponte Milvio (312 n. Chr.).

Obwohl er architektonisch dem des Septimius Severus gleicht, ist er dennoch bedeutender. Seine Proportionen sind harmonisch ausgewogen: der Attikus mit dem für die Weihinschrift vorgesehenen Teil sowie die Aufteilung der zahlreichen und sehr variationsreichen einzelnen Bauteile lassen nie das Gefühl von Überladenheit aufkommen wie beim Septimius-Severus-Bogen. Viele der dekorativen Elemente stammen von früheren Bauwerken: die acht Medaillons über den kleineren Bögen stammen aus der Zeit Hadrians; von Mark Aurel sind die acht Reliefs an den Längsseiten des Attikus. Aus der Zeit des Trajan die Figuren der Barbaren auf dem Säulengebälk, sowie die Reliefs an den Querseiten des Attikus und an den Wänden des mittleren Rundbogens. Die Längs- und Querfriese stammen aus der Zeit Konstantins selbst und zeigen die Schlacht an der Ponte Milvio, die Belagerung von Verona oder Susa und den Triumpfzug des Kaisers mit seinen Geschenken an das Volk. Auch finden sich Darstellungen von Sonne und Mond.

Die Reliefs, die aus der Zeit Konstantins stammen, haben schematische Formen und bilden eine unbewegliche Menschenmenge; die Gestalt des Kaisers selbst hat nichts von der würdigen Majestät eines Mark Aurel oder Trajan, sie unterscheidet sich von den anderen Figuren nur durch ihre größere Dimension.

Der sogenannte Janus-Bogen auf dem Velabrum; er geht in seinen Ursprüngen auf das IV. Jahrhdt. n. Chr. zurück und war wahrscheinlich Konstantin geweiht.

GÄRTEN UND VILLEN

Es gab in Rom viele wunderschöne Gärten (horti), von denen viele später in kaiserlichen Besitz übergingen und z.T. zu öffentlichen Parks umgestaltet wurden.

Gärten gab es schon seit dem 1. Jhdt. v. Chr. Bevorzugte Stätte hierfür war der Pincio, genannt « *collis hortulorum* »; hier lagen die herrlichen Gärten des Acilius Glabrius, der Familie Anicii, sowie die Gärten des Lukull.

Zwischen dem Pincio und dem Quirinal lagen die « horti » des Sallust, die zu den schönsten des antiken Rom gezählt wurden. Auf dem rechten Tiberufer erstreckten sich dagegen die Horti der Agrippina und der Domitia. Auf dem Esquilin lagen die Gärten der Lollia Paulina, des Mäzenas, des Laumia und die Tauriani-Gärten.

In diesen Gärten strebte man eine harmonische Verbindung zwischen Architektur und Natur an; sie waren mit Brunnen, Nymphäen, Hyppodromen, Alleen und Statuen ausgeschmückt.

Mit dem Wort « Villa » pflegten die Römer hingegen Wohnsitze außerhalb der Stadt zu bezeichnen. Architektonisch waren sie im Grundriß ähnlich angelegt wie das Haus in der Stadt, das *domus*. Schriftsteller wie Cato, Varro, Vitruv, Columella berichten, außer praktische Normen für den Bau von Villen zu vermitteln, von der Vorliebe, welche ihre Zeitgenossen für das Leben auf dem Lande zeigten. Das rührt sowohl daher, daß die Römer in ihren Ursprüngen Landwirtschaft betrieben; später jedoch war sicher die Überbevölkerung der Urbs der Grund für Beliebheit des Landlebens.

Villen und Wohnhäuser der Stadt mit Gärten finden sich häufig in der römischen Landschaftsmalerei; die perspektivische Darstellung zeigt ganz deutlich die Verbindung von Wohnräumen mit dem Garten; beide wiederum sind in die sie umgebende Landschaft eingebettet.

Die Villen entstanden oft am Stadtrand oder gleich jenseits der Mauern *(suburbane)* sowie auf Hügeln und am Meer; ein Teil der Villa *(villa rustica)* blieb immer der Erzeugung von landwirtschaftlichen Produkten vorbehalten.

Eng verbunden mit dem Gebäude war der Garten, der, geometrisch angelegt, in den herrschaftlichen Villen oft eine sehr erlesene Anlage zeigte, mit symmetrischen Alleen, an denen Blumen- oder Kräuterbeete lagen, und mit zu Figuren (Tieren oder Statuen) beschnittenem Buchsbaum. Dazu gesellte sich die suggestive Wirkung der Wasserkünste, die sowohl in kleinen Wasserfällen wie in Kanälen, Becken und berieselten Grotten bestand.

Von den vielen außerhalb der Stadt gelegenen Villen soll nur an die der Quintilii an der Via Appia, an die Villa der Gordiani bei Tor de' Schiavi, an die Villa des Lucius Verus nach der Brücke von Acquatraversa und an die Villa Sette Bassi an der Via Latina erinnert werden.

Zur Kaiserzeit erfuhren die Villen durch den Einfluß des Geschmacks für griechischen Stil eine weitere architektonische Veränderung; es wurde jetzt eine totale Vereinigung mit der Natur angestrebt. Das zeigt sich vor allem in den Patrizier-Villen, und insbesonders in den kaiserlichen Villen, wo sich die Anlage des Hauptgebäudes sehr oft nach der Bodenbeschaffenheit richtet. Das wird im « Domus Aurea » des Kaisers Nero ersichtlich; obgleich es sich mitten im Herzen des antiken Rom befindet, ist es doch eine wirkliche Villa.

Domus Aurea: Detail vom oktogonalen Saal.

DOMUS AUREA

Nach dem Brand, der im Jahre 64 n. Chr. einen Großteil des alten Rom zerstörte, ließ Nero statt seines Domus Transitoria, welches die kaiserlichen Besitztümer des Palatin mit denen des Esquilin verband, auf dem Colle Oppio den Bau des Domus Aurea beginnen, wobei er ca. 120 140 Hektar Land enteignen ließ.

In der Überlieferung finden sich die Namen von zwei Architekten, Severus und Celere, welche diesen phantastischen Wohnsitz schufen, der eher eine kaiserliche Residenz als eine Villa war. Hier fanden sich sowohl die modernen Strukturen der ländlichen Villa wie auch die der Wohnsitze an den Küsten von Latium und Kampanien.

Die Fassade, welche auf einer Terrasse an den Hängen des Esqulin lag, bestand aus einem Portikus aus Travertin, welcher als Vorhalle diente und an die Via Sacra angrenzte.

Durch Sueton wissen wir, daß eines der größten Wunder in einem runden Speisesaal bestand, der sich wie die Himmelsphäre ununterbrochen drehte; daß ferner die Bäder mit Salz- und Schwefelwasser versehen waren, und daß die Innenräume außer mit Stukkaturen und Malereien mit kostbarem Marmor sowie manchmal auch mit Edelsteinen und Perlmutt bedeckt waren.

Das wichtigste und revolutionärste architektonische Element des Baukomplexes war aber doch wohl der oktogonale Saal von 13 m Breite, der von einem Gewölbe in Pavillonform bedeckt war, mit einer runden Öffnung in der Mitte; an fünf Seiten befanden sich radial angeordnete Zimmer, und an den drei vorspringenden Seiten der Portikus; die radial angelegten Zimmer mit Tonnen- und Kreuzgewölben waren mit Nischen ausgeschmückt. Hier finden wir zwei Elemente von außerordentlicher Bedeutung: die oktogonale Form, die später typisch für die römische Architektur werden sollte, und die Anwendung von Beton im Gewölbebau, die im Domus Aurea zum erstenmal in größerem Maße

Die Ausschmückung der Innenräume wurde dem Maler Fabullus übertragen, der schon von Plinius dem Älteren erwähnt wird. Es war ein richtiger Hofmaler, der nur wenige Stunden am Tag arbeitete, und der immer sehr korrekt angezogen war, sogar auf dem Malgerüst.

Das System der Ausmalung, bei dem sich Fabullus sicher vieler Helfer bediente, weist zwei ver-

schiedene Aspekte auf: das für die Gänge und das für die Zimmer.

In den Gängen und ihren Tonnengewölben befinden sich kleine Bildchen mit Landschaften, die mit raschen und kleinen Pinselstrichen entstanden; sie sind von impressionistischer Manier und vermeiden Halbtöne und Licht-und-Schatten-Wirkung; diese Malweise findet sich in erweiterter Form in der Katakomben-Malerei und der Malerei der Spätantike, bei der bemalte Wände mit kleinen Figuren, Blumen, Kandelabern, Vögeln auf hellem Grund alternieren, oder mit einer Nachahmung von Tapeten.

Die Wände der Zimmer dagegen sind mit einer Architekturmalerei versehen, die den « IV. pompejanischen Stil » antizipiert und bei weitem überflügelt: mit räumlicher Gliederung und der Anordnung der Figuren auf verschiedenen Ebenen; das alles wird noch verschönt durch Vergoldungen.

EHRENSÄULEN DES TRAJAN UND DES MARK AUREL

Trajanssäule

Die Trajanssäule verkörpert den Triumpf des Reliefs und der figurativen Kunst im alten Rom. Der Hauch von Sanftheit und Glätte, den man in den Figuren von der Zeit Neros bis Domitian findet, ist jetzt verschwunden und ganz in der hellenistischen Kunst aufgegangen; in den Reliefs auf der Trajanssäule kommt die Kraft der Figuren offen zum Ausdruck, sie sind nicht länger idealisiert, sondern sehr menschlich und innerhalb ihrer geschichtlichen Wirklichkeit wiedergegeben.

Die Säule ist uns fast unversehrt erhalten geblieben, nur die vergoldete Statue des Kaisers, die sich oben auf ihr erhob, ging verloren; verschwunden bleibt auch die Asche des großen Herrschers, die, in einer goldenen Urne eingeschlossen, auf dem Sockel der Säule stand. Die Reliefs, wenn auch leicht verwittert, sind intakt. Sie beschreiben eine sich aufwärts bewegende Spirale und erzählen Begebenheiten der Kriege gegen die Daker (101-102; 105-107 n. Chr.). Die Spirale besteht aus 44 Tafeln mit einer Gesamtlänge von 200 Metern; in 155 Szenen sind 2500 Figuren zu erkennen.

Diese Säule erhob sich vor dem Trajans-Tempel und an der Seite der griechischen und lateinischen Bibliotheken.

◀ Die Trajans-Säule zwischen den beiden Bibliotheken des Trajans-Forum: Rekonstruktion (S. 53). Das Relief, das sich rund um die Säule zieht, imitiert ein riesiges « volumen », ein Buch der Bücher.

Die Trajans-Säule (113 n. Chr.), die zur Feier der Eroberung Dakiens (heute Rumänien) durch die Römer errichtet wurde. Im Detail: Szenen des ersten Trajanischen Feldzuges; die Einschiffung der nötigen Lebensmittel; religiöse Zeremonier Unterwerfung der barbarischen Völker durch den Kaiser.

Säule des Mark-Aurel, fälschlicherweise Antonin-Säule genannt (176 n. Chr.). Links Rekonstruktion der Umgebung.

Mark-Aurel-Säule

Mit der Arbeit an der Säule wurde während der letzten Lebensjahre des Kaisers begonnen. Fertig wurde sie erst unter seinem Sohn Commodus. Ihr heutiger Sockel ist ein Werk des Domenico Fontana aus dem Jahre 1589.

Die Säule wurde von einer Bronzegruppe mit Mark Aurel und Faustina gekrönt. Heute trägt sie ein Standbild des Apostels Paulus. Wie bei der Trajanssäule ziehen sich die Reliefs auch hier in Spiralenform nach oben. Sie zeigen die Kriege und Siege des Kaisers gegen die Markomannen, die Quadi und die Sarmaten in den Jahren von 171-175 n. Chr.

Der Kaiser selbst ist 59 mal dargestellt, aber um seine sanfte und philosophische Natur kenntlich zu machen, erscheint er nie mit dem Schwert in der Hand oder im Kampfgetümmel. Dem epischen und strengen Ton der Trajanssäule steht hier ein eher pittoresker und mit dramatischen Effekten beladener Stil gegenüber. Die Säule erhob sich inmitten einer Monumentalzone, die einem neuen Forum ähnelte, nämlich dem Campus Martius, dem Marsfeld

Daneben befand sich das « Ustrinum Antioninorium » (man sieht es im oberen Teil des Rekonstruktionsbildes) wo die Urnen der kaiserlichen Familie aufgestellt waren.

Einst stand in dieser Gegend auch die Ehrensäule des Antoninus Pius. Der Sockel davon befindet sich heute im Belvedere des Vatikanischen Museums.

Statue Julius Cäsars in der Via Fori Imperiali (bronzierte Gipskopie der Originalmarmorstatue auf dem Kapitol).

Kaiser-Foren mit dem Tempel der Venus Genetrix; Rekonstruktion (S. 57). Links läßt sich der Clivus Argentarius, rechts oben der Platz des Trajans-Forum, eine Ecke des Augustus-Forum und der Anfang des Nerva-Forum erkennen.

KAISERFOREN

Das republikanische Forum reichte schon recht bald nicht mehr aus für die politische und Verwaltungstätigkeit einer Stadt, die inzwischen die Hauptstadt eines Kaiserreiches geworden war.

Julius Cäsar ließ nicht nur das alte Forum instand setzen (er ließ die Kurie erneuern und änderte ihre Lage; er baute die Julische Basilika; er bestimmte den Standort der Rostra, ließ das Forum pflastern und den Lapis Niger setzen), nein, er ließ auch ein ganz neues Forum in der Nähe des alten entstehen. Um dieses Projekt zu verwirklichen, mußte Cäsar eine Reihe von Privathäusern enteignen lassen, und er zahlte dafür die sagenhafte Summe von einer Million Sesterzen, einen Betrag, der heute weit in die Milliarden ginge.

Cäsar-Forum

Es trat im Jahre 54 v. Chr. in Funktion, hatte die Form eines verlängerten Rechtecks (160 × 75 m) und wurde von Säulengängen mit dahinterliegenden Tavernen und Geschäften umrahmt. An der Schmalseite gegenüber dem Eingang erhob sich der Tempel der Venus Genetrix. Es war ein korinthischer Tempel im Oktastil in fast quadratischer Form mit einer herrlichen Kassettendecke. In der Absis des Tempels stand das Standbild der Göttin. Es stammte von Archesilaus, einem griechischen Bildhauer der Neoattischen Schule. Es befanden sich dort ebenfalls zwei Cäsar-Standbilder und eines von Kleopatra.

Der Zugang zum Tempel erfolgte über Stufen an den Längsseiten. Im Portikus des Bauwerks wurde eine umfangreiche Sammlung von Bildern der berühmtesten griechischen Maler aufbewahrt, die Cäsar erworben oder einfach hatte abtransportieren lassen, um sein Forum zu schmücken. Plinius spricht von zahlreichen bedeutenden Werken, u.a. auch von einem Bildnis der Medea, die in dumpfes Brüten über den Mord an ihren Kindern versunken scheint, sowie von einem Portrait der Kleopatra. Außerdem sollen sich dort sechs Truhen mit Gemmen und eine Rüstung aus kostbarem Metall befunden haben. Vor dem Tempel erhob sich ein wunderschöner Brunnen mit tanzenden Nymphen aus der neoattischen Bildhauerschule. Später, zur Zeit des Kaisers Trajan, wurde dann die Basilica Argentaria gebaut, und unter Domitian, Trajan und Hadrian wurden viele Restaurationsarbeiten am Forum vorgenommen.

Augustus-Forum

Augustus setzte die Politik großzügiger Stadtplanung fort, indem er weitere private Wohnbezirke zwischen der Suburra und dem Cäsar-Forum enteignen ließ. Dort entstand dann 42 v. Chr. sein eigenes Forum, sowie der Tempel des Mars Ultor (der rächende Mars), von dem der Kaiser selbst in seiner Autobiographie spricht. Die Arbeiten wurden von

Luftbild mit dem Marsfeld (oben), dem Kapitol, (in der Mitte) den Kaiser-Foren (unten links) und dem Trajans-Forum (unten rechts).

Statue des Augustus auf der Via dei Fori Imperiali (bronzierte Gipskopie des Originals aus Marmor im Vatikanischen Museum).

dem erbeuteten Kriegsgut bezahlt. Das Forum war als großer rechteckiger Platz angelegt (125×90 m), an den Seiten befanden sich zwei überdachte Säulengänge in Halbkreisform von 33 m Höhe, mit korinthischen Säulen und Karyathiden. Die Arbeiten zogen sich jahrelang hin, und als das Forum endlich im Jahre 2 v. Chr. eingeweiht wurde, war es immer noch nicht fertig: die Arbeiten dauerten danach noch fast ein Jahrhundert an. Tiberius ließ dort im Jahre 19 n. Chr. zwei Triumpfbögen bauen, für Drusus und Germanicus. Hadrian erweiterte und restaurierte das Forum. Es befanden sich dort auch zahlreiche Kunstwerke, so eine Apollo-Statue aus Elfenbein sowie eine Bronzequadriga, die Augustus vom Senat zum Geschenk erhalten hatte. In den Halbkreisbögen hatte Augustus die Statuen der berühmtesten Heerführer Roms aufstellen lassen, von Äneas bis zu seiner Zeit, und jede Statue trug eine Ehreninschrift. Besonderes Interesse galt dem Standbild des Julius Cäsar, im Tempel wurde sein Schwert als Reliquie verehrt. Laut Dion Cassius waren die Statuen aus Bronze, die Historia Augusta beschreibt sie dagegen als Marmorstatuen. Wahrscheinlich war das eine wie das andere Material dort vertreten.

Der Tempel des Mars Ultor war im italischen Stil gebaut: ein Peripteros zog sich an drei Seiten hin, mit acht korinthischen Säulen an jeder Seite, die auf einem marmorverkleideten Sockel von ca. 3,55 m Höhe standen. Eine Stufenreihe führte zur Fassade, in deren Mitte der Opferaltar stand. In der Absis waren die Statuen von Mars und Venus. Neben dem Tempel befand sich die Halle des Colossus Augustus (der Kolossal-Statue des Augustus) und an den Wänden, die mit gelbem, buntem und afrikanischem Marmor verkleidet waren, müssen sich die vier von Plinius erwähnten Gemälde befunden haben, von denen zwei von dem legendären Apelles gestammt haben sollen.

Um diese herrlichen und kostbaren Kunstwerke vor den Bränden zu schützen, die so häufig in den überbevölkerten Vierteln der Suburra ausbrachen, vielleicht auch um nicht den häßlichen Anblick ertragen zu müssen, ließ Augustus um das Forum eine Mauer aus feuerfestem Material (Peperino und Gabii-Gestein) aufführen.

Forum des Augustus mit dem Tempel des Mars Ultor: heutiges Aussehen und Rekonstruktion.

Forum des Vespasian mit dem Friedenstempel: Rekonstruktion (Ende des ersten nachchristlichen Jahrhunderts).

Friedens-Forum

Das dritte der Kaiserforen war das unter den Flavischen Kaisern errichtete Friedens-Forum. Es war ein großer Platz mit Säulengängen, auf dem sich der Friedens- oder Vespasian-Tempel erhob. Von dem ganzen Monumentalkomplex, der den Bezirk zwischen der heutigen Via Cavour und dem Kolosseum einnahm, ist nichts erhalten geblieben. Wir wissen nur, daß in dem Tempel, wie in einem Museum, die Schätze aus Jerusalem und viele andere Kunstwerke aufbewahrt wurden.

Nerva-Forum

Das Forum des Nerva wurde unter Domitian begonnen und unter Nerva im Jahre 97 n. Chr. fertiggestellt. Es wurde « forum transitorium », « Durchgangsforum » genannt, weil hier die Via dell'Argileto, die das Forum mit dem Quirinal verband, durchführte.

Der Tempel hatte an der Vorderseite acht korinthische Säulen und war der Minerva geweiht. Im Jahre 1606 wurde er von Papst Paul V. abgerissen und sein Marmormaterial diente zum Bau des Brunnens auf dem Janiculum sowie für die Borghese-Kapelle in Santa Maria Maggiore.

Statue des Nerva auf der Via dei Fori Imperiali: bronzierte Gipskopie.

Trajans-Forum

Das Trajans-Forum war das schönste aller Kaiser-Foren. Seine Anlage war vielleicht schon von Domitian vorgesehen, da dieser bereits begonnen hatte, den Sattel des Quirinal-Hügels abzutragen. Es war ein bemerkenswerter Arbeitsprozeß, da der Sattel dieses Hügels etwa dreißig Meter hoch war. Der endgültige Entwurf stammt aber erst von dem großen Architekten des Trajan, Apollodorus von Damaskus.

Um einen eventuellen Erdrutsch zu vermeiden, wurden zuerst die Märkte gebaut, die mit ihrem breiten Fundament mit Stufen zu einer Lösung des Stabilitätsproblems beitrugen und gleichzeitig ästhetisch geglückt wirkten.

Der große architektonische Komplex bestand aus einem breiten rechteckigen Platz mit Säulengängen und zwei Exedren. Der Zugang erfolgte vom Augustus-Forum durch den Trajan geweihten Triumpf-

Forum des Nerva oder « Transitorium »: Detail der Säulenhalle. ▶

Forum des Nerva mit dem Tempel der Minerva: Rekonstruktion (96-98 n. Chr.). Links das Forum des Augustus mit dem Tempel des Mars Ultor.

Die Trajans-Märkte, as Handelszentrum des antiken Rom. Unten die große Exedra mit drei Reihen übereinanderliegender Geschäfte, die parallel zum Abschluss des Platzes des Trajans-Forum verläuft; weiter oben eine weitere Reihe von Geschäften und Magazinen, in drei weiteren übereinanderliegenden Stockwerken, längs der Via Biberatica und in der großen Aula des Largo Magnanapoli. Auf den Trajans-Märkten wurden außer dem üblichen Verkauf von Waren auch die Verteilung von Lebensmitteln an die Bevölkerung vorgenommen.

◀ Das Forum des Trajan, ein Werk des Apollodorus von Damaskus (Anfang des 2. nachchristl. Jahrhdts.). Rekonstruktion.

bogen. Gegenüber dem Platz, in dessen Mitte ein Reisterstandbild des Kaisers stand, lag die Basilica Ulpia, die größte Basilika in Rom, mit fünf Schiffen und zwei Absiden. In ihrer Größe war sie mit der christlichen Basilika « S. Paolo fuori le Mura vergleichbar. Außer der Basilica Ulpia befanden sich dort noch die Gebäude der griechischen und lateinischen Bibliotheken, Zwischen ihnen erhob sich die große Trajanssäule mit den Reliefs, auf denen die Eroberung von Dacia, dem heutigen Rumänien, dargestellt war. Etwas weiter abseits davon muß sich der kolossale Tempel des Trajan befunden haben, den seine Nachfolger für ihn bauen ließen. Er ist gänzlich verlorengegangen durch den Bau zweier Kirchen, des Valentini-Palastes (der heutigen Präfektur) sowie anderer Häuser, unter ihnen das des Michelangelo. An die gigantischen Ausmaße erinnern nur noch eine Säule und ein Kapitell.

KOLOSSEUM

Das flavische Amphitheater (so lautete eigentlich der Name des Kolosseums) wurde im Jahre 72 n. Chr. unter Vespasian begonnen und von Kaiser Titus im Jahre 80 eingeweiht. Die Einweihung wurde mit hundert Feiertagen sehr festlich begangen. Der antike Schriftsteller Dion Cassius berichtet, daß während dieser Feiertage 9000 wilde Tiere und ca. 2000 Gladiatoren ihr Leben ließen.

Das Amphitheater wurde allerdings erst unter Kaiser Domitian fertig. Es war viergeschossig. Die ersten drei Geschosse waren durch Bögen mit Halbsäulen im dorischen, ionischen und korinthischen Stil verschönt. Das vierte Geschoß trug keine Bögen, sondern rechteckige Fenster und war mit Pilastern mit korinthischen Kapitellen verziert. Das erste Geschoß ist 10,50 m hoch und die dorischen Bögen haben eine Höhe von 7,10 m und eine Breite von 4,30 m.

Das zweite Geschoß im ionischen Stil ist 11,85 hoch und die Bögen messen 6,40 m in der Höhe und 4,30 m in der Breite.

Der dritte Rang im korinthischen Stil ist 11,60 m hoch, seine Bögen sind 6,40 m hoch und 4,30 m breit.

Die korinthischen Pilaster im obersten Geschoss haben einschließlich der Sockel eine Höhe von 13,90 m.

Zu jedem der drei Geschosse mit Bögen gab es achtzig Zugänge; im ersten Geschoss waren sie nummeriert, mit Ausnahme derjenigen, die an der größten und kleinsten Achse lagen. Erstere bildeten die Haupteingänge zur Arena, die letzteren dienten als Eingang für die kaiserliche Familie.

Die Nummerierung diente dazu, dem Besucher den für ihn bequemsten Eingang zu seiner Stufenreihe anzuzeigen. Die unterschiedlich gelegenen Stufenreihen entsprachen jeweils dem sozialen Rang des Zuschauers.

Rekonstruktion der Zone um das Kolosseum. Von links: Tempel der Venus und Roma, Koloss des Nero, der sogenannte Meta-Sudante-Brunnen, der Konstantinsbogen, das Kolosseum, Thermen des Titus; unten rechts zwei Gladiatorenschulen.

Das Flavische Amphitheater, Kolosseum genannt (72-80 n. Chr.): Rekonstruktion der Außenfassade.

Der größte Teil der Fassade wie auch des Innenraums des Amphitheaters besteht aus Travertin. Die großen Blöcke wurden nicht mit Mörtel, sondern durch Metallstifte zusammengehalten.

Die Arena des Amphitheaters war 79 m lang und 46 m breit. Rund um die Arena war ein Gitter zum Schutz der Zuschauer gezogen.

Der Fußboden der Arena, der aus Holzplatten bestand, war mit Sand bedeckt, daher der lateinische Name « arena ».

An den Längsseiten der Arena befanden sich zwei Eingänge; der südöstliche war die « Porta Libitinaria » (von Libitina, der Göttin der Begräbniszerimonien) durch welche die im Kampf umgekommenen Gladiatoren wie die getöteten Tiere abtransportiert wurden; das andere war das Eingangstor für die aufmarschierenden Gladiatoren, die vor Beginn des Kampfes erst ihre Runde vor Kaiser und Publikum drehten: Ave Caesar, morituri te salutant! (Heil Cäsar, die Todesbereiten grüßen Dich!).

Die unterirdischen Gewölbe der Arena dienten für alles, was für die Spiele notwendig war. In den Käfigen waren die für das Spiel bestimmten wilden Tiere eingeschlossen; es gab mechanische Aufzüge, welche die Tiere in die Arena beförderten. Weiter sind fünf Kryptoportikus (gedeckte Galerien oder Korridore) zu nennen. Einer von ihnen war mit Stuckverzierungen und Mosaiken versehen, die Seitenwände waren bemalt. Wahrscheinlich ließ ihn Kaiser Commodus bauen, um auf diese Weise direkt ins Amphitheater zu gelangen.

Die Cavea, die Sitzreihen für das Publikum, erhoben sich auf einem Sockel. In der Mitte der Querachse, also an den Längsseiten der Elipse, befanden sich die « Pulvinarien », die Ehrenlogen: an der Südostseite die für die kaiserliche Familie, an der gegenüberliegenden Seite die für die wichtigsten Würdenträger sowie für die Vestalinnen. Die Pulvinarien lagen übrigens an den beiden Haupteingängen.

Der Zugang zu ihnen erfolgte durch zwei Räume in der Art eines Salons, mit achtzehn Pilastern aus Travertin und stuckverzierten Gewölben. Auf dem

Sockel befanden sich sieben Stufenreihen und zwölf Zugänge, « vomitoria » genannt. Über diesem ersten Ring lag eine weitere Reihe mit zwölf Stufen, die ein 3,50 m breiter durchlaufender Korridor abschloß. Diese Breite läßt sich durch die vierzig lukenartigen Öffnungen erklären, die den unteren Portikus, das « ambulatorium » beleuchteten. Diese Sitzreihe hatte 14 Zugänge und war für die vierzehn Ritterorden bestimmt.

Es folgte eine Reihe von 19 Stufen, die ebenfalls von einer Brustwehr und einem Umgang abgeschlossen wurde. Diese Stufenreihe hatte 32 Zugänge oder vomitoria, und da sie sehr hoch war, hatte sie im Hintergrund 28 Fenster, durch die der dahinterliegende Gang Licht erhielt. Zwischen den Fenstern befanden sich 36 Nischen mit Statuen. Darauf folgte das Obergeschoß, der letzte Rang, der aus sieben hölzernen Stufenreihen bestand. Die Brustwehr diente als Basis für einen Portikus von 80 Säulen. Unter diesem war der Umgang mit 12 Zugängen. Aus diesen Ausführungen läßt sich die Zuschauermenge errechnen, die das Amphitheater fassen konnte: sie muß bei 50.000 gelegen haben, allein kaum darüber.

Inneres des Kolosseums heute, nach den Abtrag des Niveaus der Arena. ▶

Das Kolosseum, von der Via dei Fori Imperiali aus gesehen.

Zum Abschluß dieser allgemeinen Beschreibung soll noch das « velarium » erwähnt werden. Es war dies ein Segeltuch zum Schutz der Zuschauer vor der brennenden Sonne. Es wurde auf der Terrasse über dem Portikus aufgezogen. Diese Aufgabe oblag den Matrosen der kaiserlichen Flotte vom Kap Miseno (nahe Napoli).

Die ganze Apparatur zentralisierte sich in einem Ring, der eine Art Oberlicht schuf (1); an ihm waren die Seile zur Halterung der Segeltücher befestigt. In der ersten Bedienungsphase wurde dieser Ring vom Boden der Arena bis zur Höhe des ersten Ranges hochgezogen (2-6): die Operation erfolgte durch Seile, die vom Ring über Flaschenzüge bis zur Höhe der Stangen hochgezogen wurden (3) und von da aus dann nach außen verliefen (s. Detail oben), wo sie an 160 großen Steinblöcken am Amphitheater außen festgemacht waren (4). An den Blöcken waren weitere Winden angebracht, (s. Detail unten, 5) um die Enden der Seile aufzurollen und zu befestigen. Die Rotation dieser 160 Winden lief in geradezu perfekter Gleichzeitigkeit ab und bewirkte so, daß der Ring sich gleichmäßig hob. Nachdem der Ring sich gehoben hatte, wurde das Ende jedes Seiles nach oben gezogen und an einem Pfahl befestigt (7).

In der zweiten Phase wurde von jedem Pfahl ein zweites Seil heruntergelassen und am Ring befestigt, und zwar tieferliegend als das erste Seil (8-9): diese Reihe unterer Seile, die wiederum von anderen Flaschenzügen und Winden (8-10) bis zur Höhe des obersten Ranges (summa cavea) hochgezogen wurden, bildeten eine Art Spinnennetz und trugen die Segel des Velariums. Diese bestanden aus gleichgroßen Segelstoffplanen und wurden von oben her bis zum Mittelring entrollt und untereinander befestigt (s. obere Zeichnung, 12).

Nur im Raffen und Aufziehen von Segeln sehr erfahrene Matrosen waren in der Lage, eine solche umständliche und komplizierte Operation auszuführen. Das verlangte eine umsichtige Ausbildung, denn nicht nur das Ausmessen und Plazieren der Einzelteile des Velariums und die Bedienung der Maschinerie, sondern auch die richtige Verteilung der Arbeitskräfte und der ihnen zugeordneten Aufgaben sowie die Zeiteinteilung verlangten größtmöglichste Präzision. Eine Truppe von 100 Matrosen vom Kap Misenum, die in einer dem Amphitheater nahegelegenen Kaserne untergebracht waren, wurde allein

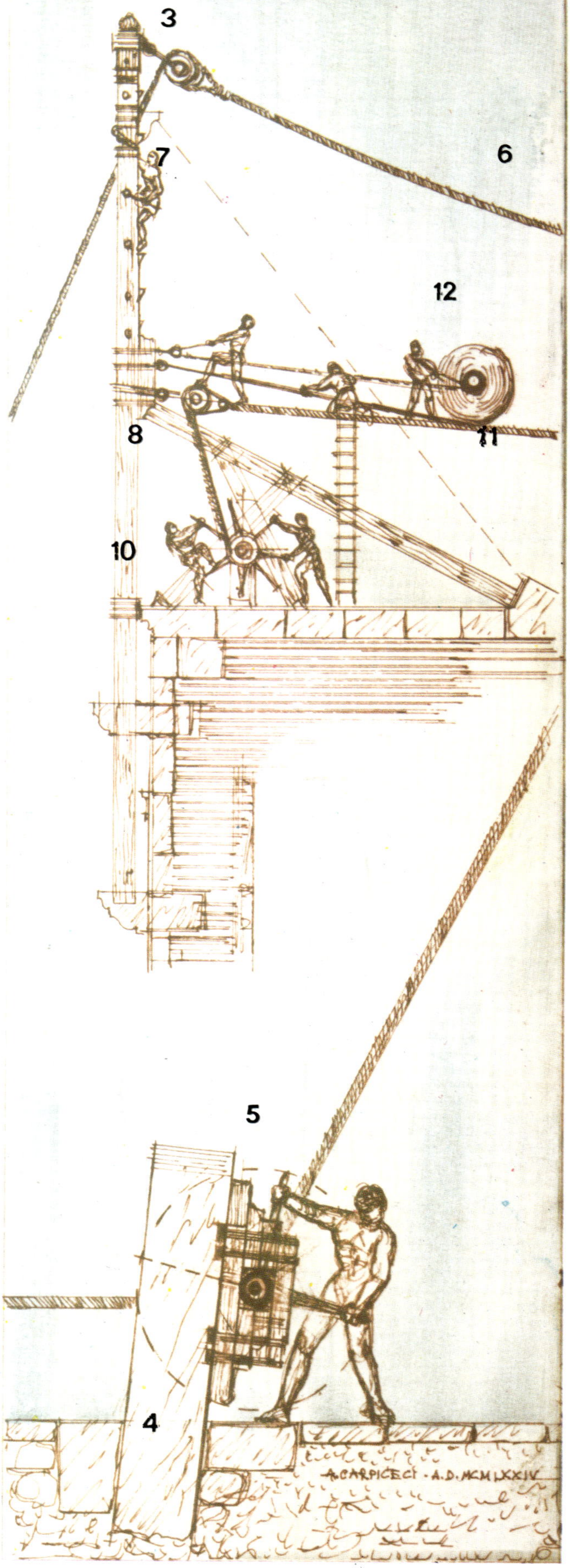

Das Velarium (Seite 77) und hier daneben das Entwurf mit Angebung der verschiedene Aufzihung und Spannungsphasen der Seilen (Wiederdarstellung nach Prof. A. C. Carpiceci).

◀ Seiten 72-73: Innere Rekonstruktion des Kolosseum's Sichtbar die Zeltmasten (S. Abbildung Seite 68).

Seiten 74 und 75: das Innere mit hochgspannte Zelt (velarium) (Nach Prof. A. C. Carpiceci).

3
8
12
12
12
6
9
2
1

Unterirdische Gewölbe des Kolosseums: Detail der Rekonstruktion.

zur Instandhaltung des Velariums gebraucht. Für die Montage dagegen brauchte man noch einmal mehr als 1000 Mann, die mit Schiffen zweimal järlich bis zur Tibermündung oder den Fluß herauf bis in die Stadt kamen.

Denkt man an all diese erforderlichen Arbeiten, an das riesige Ausmaß der Velarium-Fläche, an das enorme Gewicht der Seile und der Segeltuchplanen, an die statistischen und dynamischen Probleme, die sich durch Spannung und Resistenz ergaben, so läßt sich daraus folgern, daß das Aufziehen des Velariums eine größere Aufgabe darstellte als die Errichtung eines Obelisken.

Auch die Wirkung des Windes, der durch das Oberlicht wie auch durch die obere Kante des Velariums dringen konnte, war einkalkuliert; dennoch muß – wie uns antike Geschichtsquellen berichten – das Geräusch des Windes im Zusammenklang mit dem Brüllen der Tiere und dem emphatischen Geschrei der Zuschauer einen unbeschreiblichen Krach verursacht haben.

Nach der Betrachtung all dieser Details müssen wir uns fragen, wie wohl der Mann geheißen haben mag, der dieses gewaltige Kolosseum plante. Es ist seltsam, daß es für ein so großes architektonisches Meisterwerk, das von Anfang an für eine Art Weltwunder gehalten wurde, keinen Hinweis auf den Architekten gibt, auch nicht bei den antiken Schriftstellern, nicht einmal bei Martial, dem Geschichtsschreiber der Flavischen Kaiser.

Um sich eine Vorstellung von den Hindernissen machen zu können, die beim Bau des Amphitheaters zu überwinden waren, soll nur an das verwendete Material erinnert werden, das größtenteils aus Travertin-Blöcken bestand, die aus den Steinbrüchen bei Tivoli zur Baustelle transportiert werden mußten.

Beim Bau fanden ungefähr 100.000 Kubikmeter davon Verwendung. Es mußten also wenigstens fünf-

zigtausend Wagen voll im Lauf der vier Jahre, die, wie man annimmt, zum Bau der Pilaster und dem Gerüst des Kolosseums selbst nötig waren, herbeigeschafft werden. Man rechnet, daß für diesen Transport ungefähr 200 Wagen und 400 Zugtiere, meist Ochsen, nötig waren.

Während dieser vier Jahre sah die Via Tiburtina täglich ein Drittel dieser beladenen Ochsenkarren aus den römischen Steinbrüchen kommen, ein Drittel leerer Wagen, die zu den Steinbrüchen fuhren und ein Drittel haltender Wagen, die auf ihr Beladenwerden warteten.

Ferner ist zu bedenken, daß die Blöcke für die Basis der Pfeiler des Kolosseums jeweils zwei Kubikmeter maßen und fünf Tonnen wogen.

Es gab zwei Arten von Spielen im Amphitheater: Gladiatoren-Wettkämpfe und « venationes », Jagd auf wilde Tiere. Die « venationes » fanden am Morgen statt, die Gladiatorenkämpfe am Nachmittag. Domitian, Trajan, Hadrian, sie alle liebten diese Spiele sehr und nahmen an ihnen oft persönlich teil.

Szene aus dem Amphitheater: Gladiatoren im Kampf mit wilden Tieren (das Relief befindet sich jetzt in der Villa Albani).

Hadrian z.B. stieg in die Arena hinunter und brachte es fertig, einen Löwen mit eigener Hand zu erlegen. Um seinen Sieg über die Daker zu feiern, ließ Trajan 11.000 wilde Tiere und 10.000 Gladiatoren kämpfen. Antoninus Pius brachte Tiger, Elefanten, Krokodile, Nilpferde sowie an einem Tag 100 Löwen in die Arena.

Die großartigsten Spiele fanden jedoch unter dem Kaiser Commodus statt. Man nimmt an, daß er selbst wahrscheinlich eher von einem Gladiatoren abstammte als von seinem legitimen Vater Mark Aurel, und daß das Gladiatorenblut seine Natur bestimmte. Er besuchte auch die Gladiatorenschule, die « ludus gladiatorae » und brüstete sich damit, tausend seiner Kameraden besiegt zu haben.

Die Spiele fanden an festen Daten sowie zu außergewöhnlichen Anlässen statt. Die festen Daten waren

die Geburtstage der Kaiser und Jahrestage geschichtlicher Ereignisse. Sonst wurden die Spiele aus Anlaß eines Sieges oder Triumpfes gegeben. Aber auch aus Anlaß eines Begräbnisses fanden Spiele statt.

Anschläge (« edictus ») informierten zu gegebener Zeit das Volk über die Abfolge der Spiele sowie über ihren Anlaß. Auch wurden Tag und Anfangszeit bekanntgegeben.

Amphitheater Castrense, in der Nähe von S. Croce in Gerusalemme: Rekonstruktion (II. nachchristl. Jahrhdt.). Es war ein bescheidenes Amphitheater und wahrscheinlich zu Spielen für die Soldaten aus den nahegelegenen Kasernen bestimmt. Im III. Jahrhundert wurde es in die Aurelianischen Stadtmauern eingebaut und die Bogen der Außenfassade wurden zugemauert.

ZIRKUSANLAGEN

Wie groß die leidenschaftliche Liebe für Pferderennen im alten Rom war, können wir uns gut vorstellen aufgrund der zahlreichen und detaillierten Zeugnisse, die uns überliefert sind, und die es uns erlauben, geistig an diesen vor zweitausend Jahren stattgefundenen Rennen teilzunehmen.

Rom hatte vier Zirkusanlagen, um nur die wichtigsten zu nennen: den Circus Maximus als älteste solcher Anlagen, der jedoch erst mit dem Jahre 329 v. Chr. sein eingentliches Aussehen erhielt durch den Bau der « carceres », der Stallungen, dem dann allmählich die architektonische Entwicklung der Anlage folgte. Im Jahre 221 v. Chr. wurde der Circus Flaminius gebaut, im ersten nachchristlichen Jahrhundert der des Caligula und Nero und schließlich der des Maxentius an der Via Appia.

Die Zirkusanlagen hatte eine lange, schmale Rennbahn, die in der Mitte durch die sogenannte « spina » geteilt wurde, einen schmaler Streifen, der mit Statuen, Obelisken usw. geschmückt war. Die Zuschauersitze befanden sich an den Längsseiten und einer der halbrunden Schmalseiten; die zweite Schmalseite nahmen die Stallungen ein, die von zwei Türmen flankiert wurden.

Der Circus Maximus war der berühmteste und größte dieser Anlagen: er konnte eine Zuschauermenge von mehr als 250.000 Menschen fassen. Die « Spina » trug zwei große Obelisken, die sich heute auf der Piazza del Popolo und auf der Piazza San Giovanni in Laterano befinden. Der Circus Maximus war 600 m lang und 200 m breit. Die Außenfront war dreigeschossig mit marmorverkleideten Arka-

◀ **Der Circus Maximus: Rekonstruktion.**

Der Circus Maximus heute.

den. Unter den Arkaden im Erdgeschoss befanden sich Tavernen, Läden etc. Das Innere versetzte den Besucher durch seine Pracht in Sprachlosigkeit. Der erste Rang der « cavea », der Sitzreihen, war aus Stein, die oberen Ränge aus Holz. Im Halbrund befand sich der Eingang in Form eines Triumpfbogens mit drei Durchgängen. Kaiser Domitian hatte ihn im Jahre 81 n. Chr. zu Ehren des Titus errichten lassen.

Auf der gegenüberliegenden Seite befanden sich die « carceres », die Ställe, von wo aus das Startsignal ertönte.

Die Spina war 214 m lang, und jeder Wagen mußte sie siebenmal umlaufen, was einer Länge von 1600 m entspricht. An den Enden der Spina befanden sich die « metae », die Startplätze, sowie sieben Bronzeeier und sieben bronzene Delphine. Auf der Spina standen ein kleiner Tempel für den Gott Consus und die Göttin Pollentia und andere Götterstandbilder, die für den Sport zuständig waren, sowie die beiden schon erwähnten Obelisken.

Zur Zeit von Cäsar und Augustus fanden hier auch Spiele mit Elephanten statt, und zu diesem Anlaß ließ Cäsar nicht nur den Circus selbst erweitern, sondern auch einen die Piste umlaufenden Wassergraben zum Schutz der Zuschauer bauen.

Den zahlreichen Überlieferungen, die uns erhalten geblieben sind, ist zu entnehmen, daß der Circus Maximus ungefähr 240 Tage im Jahr in Betrieb war, so groß war die Zahl der Feiertage oder der von den Römern gefundenen Vorwände, um Pferderennen in allen nur möglichen Variationen stattfinden zu lassen. So mußten die Wagenlenker denn auch nicht nur gute Reiter sein, sondern auch fähig, an anderen Spielen teilzunehmen, wie Balance-Akten, dem Sprung auf ein anderes Pferd, an « bigae », einem Rennen mit zwei vorgespannten Pferden, oder sie mußten im vollen Galopp ein Kleidungsstück von der Piste aufraffen, oder im Stehen lenken usw. Man dachte sich jedes nur mögliche Mittel aus, um die Rennen schwieriger und spannender zu machen.

Wir wissen, daß z.B. unter Augustus 12 Rennen pro Tag stattfanden; unter Caligula wurden es 34 täglich, unter den Flaviern 100.

Alle Römer und auch alle Besucher Roms besuchten den Circus. Es war ein Treffpunkt für das gesellschaftliche Leben, selbst für den Kaiser.

Diese Rennen im Circus wurden so populär,

daß sie eines der vorherrschenden Motive der figurativen Kunst Roms bildeten: Mosaiken, Basreliefs, Statuen, ja sogar Sarkophage zeigten Abbildungen der Spiele, sowohl als Gesamtdarstellungen wie in der Darstellung einzelner Szenen und Persönlichkeiten.

Die berühmtesten Rennställe trugen die Farben Rot, Weiß, Grün, Blau. Tüchtige Jockeys wurden mit Gold aufgewogen. Auch wenn sie von einfachem Herkommen waren, konnten sie Ruhm und Reich-

Die Pferderennen auf dem Circus Maximus, dargestellt auf zwei Reliefs, im Museum in Foligno (oben) und im Vatikanischen Museum (unten.). Auf dem unteren Relief kann man einen Knaben sehen, der die Pferde während des Rennens mit Wasser bespritzt, und links die Figur eines Magistraten, der in der Hand die « mappa » trägt, womit das Startsignal gegeben wurde. Zwei ähnliche Konsulstatuen finden sich im Konservatorenpalast.

Circus des Maxentius auf der Via Appia (Anfang des IV. Jahrhdts. n. Chr.).

tum erringen. In kürzester Zeit, höchstens in sechs oder sieben Jahren, erwarben sie sich außerordentliche Vermögen; ein gewisser Diocles setzte sich, nachdem er 3000 zweispännige und 1450 vierspännige Rennen gewonnen hatte, mit der erstaunlichen Summe von 35.000.000 Sesterzen zur Ruhe, nach heutiger Währung ein Betrag von mehreren Millionen.

Man sollte jedoch nicht vergessen, daß der Ruhm dieser Jockeys nicht nur von ihrer physischen Leistung herrührte, sondern auch von den Risiken, die sie eingingen. In der Tat starb ein Großteil von ihnen in der Blüte ihrer Jahre.

Die Pferde wurden ganz besonders gepflegt und ernährt, sie hatten alle ihr « pedigree », und ihre

Ehrenurkunde. Ihre Popularität war so groß, daß sie bis in die fernsten Winkel des Imperiums drang: in Afrika wurde ein Mosaik entdeckt, das uns den schönsten Beweis der Liebe zu diesen schönen Tieren liefert: « ob du gewinnst oder nicht, wir lieben dich, Polidoxus ». Die besterhaltene der römischen Zirkusanlagen ist der Zirkus an der Via Appia, den Maxentius im Jahre 309 n. Chr. gleichzeitig mit dem Grabmal für seinen frühverstorbenen Sohn Romulus anlegen ließ, und dem er auch seinen Namen gab.

Er maß 482 m in der Länge und 78 m in der Breite. Seine Spina war 297 m lang und mit Statuen sowie dem Obelisken geschmückt, der sich heute auf der Piazza Navona befindet.

Circus des Caligula und Nero, auf dem « Ager Vaticanus » (Mitte des I. Jahrhdts. n. Chr.); Rekonstruktion.

Piazza Navona, das frühere Stadion des Domitian.

Stadion des Domitian

Das Stadion, ein typisches Bauwerk der griechischen Antike, ähnelt einer Zirkusanlage, aber es fehlen die Stallungen und die Spina. Es fand hauptsächlich für sportliche Übungen .und Wettkämpfe Verwendung. Cäsar und Augustus ließen auf dem Campus Martius ein hölzernes Stadion errichten, das unter Nero restauriert wurde. Unter Domitian entstand schließlich im Jahre 86 n. Chr. ein Neubau aus Stein und Ziegeln als Sitz der Agoni Capitolini, der Kapitolinischen Spiele. Die Arena maß in der Länge 276 m (was anderthalb Längen des olympischen Stadions entspricht) und 54 m in der Breite. Die Stufenreihen, die für 20.000 Menschen Platz boten, lagen an überreinanderliegenden Bogengängen, welche die Außenfassade bildeten. Ein Teil davon wurde nahe der Stelle, wo der Tiber einen Bogen beschreibt, wiederentdeckt. Im III. nachchristlichen

Stadion des Domitian auf dem Marsfeld (Ende des I. Jahrhdts. n. Chr.), heute Piazza Navona; Rekonstruktion.

Jahrhundert, nach dem Brand des Kolosseums, diente das Stadion zeitweilig als Amphitheater. Im Mittelalter wurde es zestört und sein Fundament diente für die Gebäude, welche die Piazza Navona einrahmen (der Name stammt von « agone » = Wettkampf), sodaß uns der Platz bis heute perfekt in seinen Formen und Dimensionen erhalten geblieben ist.

Neben dem Stadion, an der Stirnseite, wo sich der Eingang befand, ließ Domitian auch ein Odeon bauen, ein kleines Theater, in dem Musikaufführungen und Dichterlesungen stattfanden. Es konte 8000 Besucher aufnehmen.

Sowohl das Stadion wie auch das Odeon waren von hohen architektonischen Niveau; noch im V. nachchristlichen Jahrhundert galten sie als Weltwunder.

THEATER

Wir haben nur geringe Kenntnisse von den römischen Theatern, obwohl man weiß, daß seit dem Beginn des III. vorchristlichen Jahrhunderts griechische Dramen in Rom aufgeführt wurden. Der Bau des ersten Theaters geht auf das Jahr 179 v. Chr. zurück und geschah im Auftrag des Zensors M. Aemilius Lepidus (Theatrum ad Apollinis). Ein weiteres Theater wurde im Jahr 154 von den Zensoren M. Valerius Mesalla und Cassius Longinus in Auftrag gegeben, aber dann wurde es durch Scipio Nasica zerstört.

Es muß dazu gesagt werden, daß diese Theater aus Holz und sehr provisorisch waren; der Senat hatte nicht nur den Bau von festsituierten Theatern verboten, sondern sogar das Sitzen während des Schauspiels, mit der Begründung, daß es sich mit der Würde eines Römers nicht vereinbaren lasse.

Plastische Rekonstruktion des Campus Martius (Marsfeld) mit dem Theater des Marcellus (oben), dem Theater des Balbus und dem Theater des Pompeius mit dem Portikus der Hundert Säulen (in der Mitte); das Odeon das Domitian (unten). Außer dem Portikus der Hundert Säulen kann man links auch noch die vier kleinen Tempel des Arca Sacra dell'Argentina sehen und zwischen ihnen und dem Portikus die Kurie des Pompeius, wo Julius Cäsar im Jahre 44 v. Chr. ermordet wurde.

Theater des Marcellus heute.

Dennoch haben wir Kenntnis von prächtigen Bühnenbildern (Claudius Pulchrus, 93 v. Chr. und M. Scaurus, 58 v. Chr.). Das erste feste Theater wurde unter Pompeius dem Großen im Jahre 55 v. Chr. gebaut, und um das Gesetz zu umgehen, das den Bau verbot, ließ dieser über den Sitzreihen einen der Venus Victrix geweihten Tempel errichten.

Das Theater hatte einen Durchmesser von 160 m und ein Fassungsvermögen von 35.000 Personen mit 28.000 Sitzplätzen. Es lag zwischen der heutigen. Via Grotta Pinta und dem Campo de' Fiori und gegenüber dem mächtigen Portikus der « Hundert Säulen ». Im Jahr 13 v. Chr. wurde dann das Theater des Balbus gebaut. Dieses faßte ungefähr 12.000 Personen und hatte 8.000 Sitzplätze. Schließlich begann man im Jahr 11 n. Chr. mit dem Marcellus-Theater. Es wurde unter Cäsar begonnen und unter Augustus vollendet und faßte 20.000 Personen, mit 15.000 Sitzplätzen.

Die römischen Theater sind freistehende Bauwerke, im Gegensatz zu den griechischen, die meistens in einen Berghang eingebettet lagen. Das halbrunde Äußere des Theaters besteht aus übereinanderliegenden Arkaden und bietet eine sowohl statisch wie ästhetisch interessante, geglückte Lösung. Die Bühne hat Verbindung zum Zuschauerraum und an der Rückwand erreicht sie die gleiche Höhe wie diese.

Leider befand sich zu dieser Zeit das künstlerische Drama, für das diese Theater gebaut wurden, schon auf sinkendem Niveau, und zwar nicht nur in Rom, sondern im gesamten Imperium. Die letzten großen Tragödien gab es zur Zeit des Augustus. Dieser setzte sogar Sonderpremien aus für ein gutes Drama oder eine gute Aufführung, aber das alles konnte den Verfall nicht aufhalten. Die Spiele für die Massen (im Zirkus) hatten wie heute (Fußballspiel) das Übergewicht.

Zitieren wir zuletzt Plinius d. Jüngeren, der das Fernbleiben der Römer aus den Theatern wie folgt beklagt: « Nicht nur das gemeine Volk hält die Farben eines erbärmlichen Kleidungsstückes, das noch erbärmlicher ist als sie selber, für wichtiger, sondern leider auch diejenigen, die sich für besser und ernsthafter halten ».

« Wenn ich an diese faden, dummen und monotonen Amüsements (die Pferderennen) denke, fühle ich eine gewisse Befriedigung darüber, daß ich beim Anblick dieser Rennen keine Befriedigung empfinde ».

Theater des Marcellus (Ende des I. Jahrhdts. v. Chr.); Plastische Rekonstruktion.

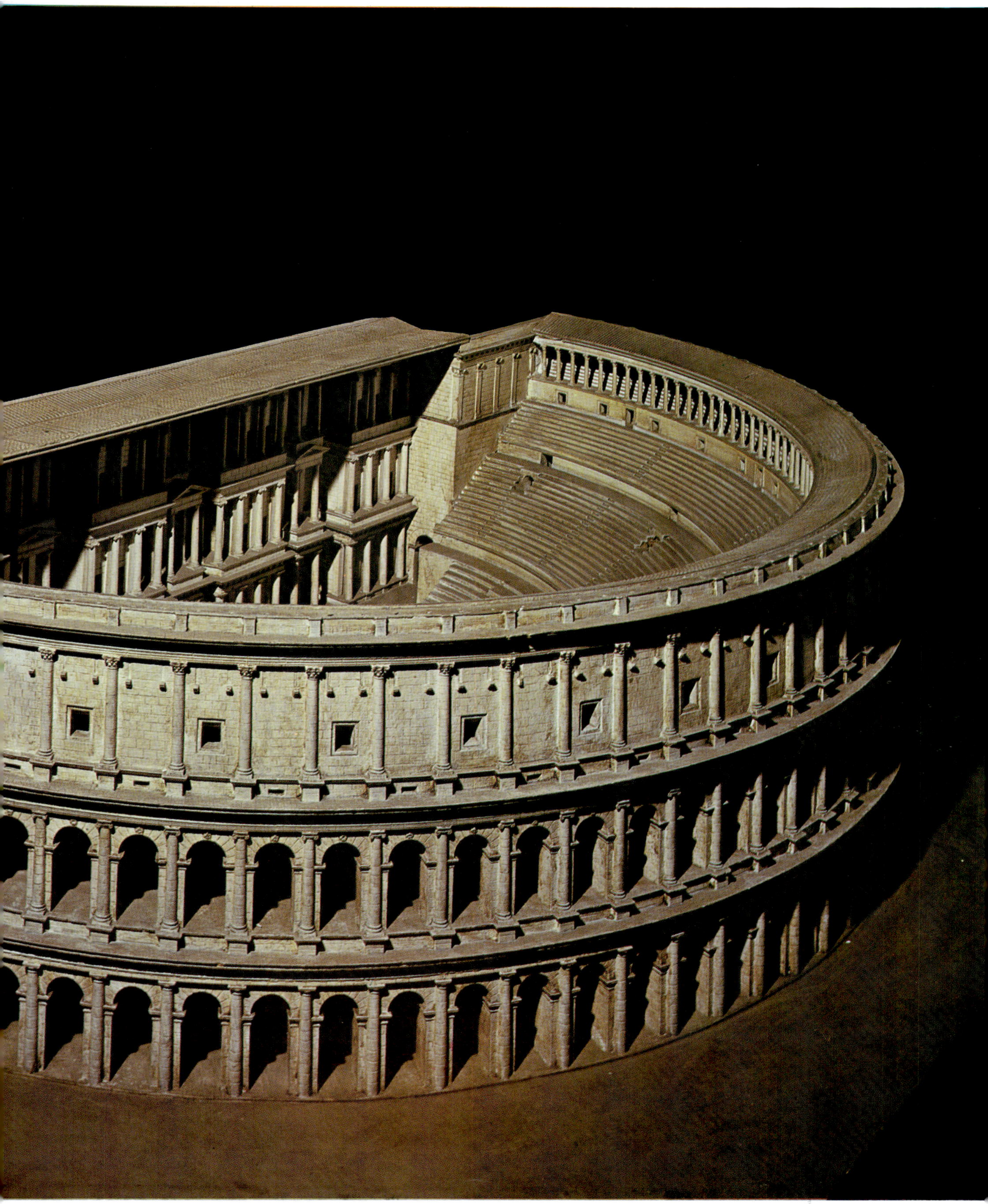

TIBER, TIBERINSEL UND BRÜCKEN

Luftbild der Tiberinsel heute, mit der Ponte Cestio, Ponte Fabricio sowie dem stehengebliebenen Bogen der Ponte Emilio, auch Ponte Rotto genannt.

Der Bau und die Instandhaltung der Tiberbrücken war für das Leben und die Geschäftsverbindungen der Stadt Rom und ihrer Bevölkerung im Norden und Süden unerläßlich. Laut Überlieferung war der Brückenbau (pontes = Brücken) dem Priesterkollegium (pontifex = Priester) anvertraut, das später die wichtigste Rolle in der Religion des alten Rom haben sollte. Auch die antiken Schriftsteller Varro und Dionysos meinen, daß « pontifex » Brückenbauer bedeutet. Tatsächlich verfügten sie, fünf an der Zahl, seit den legendären Ursprüngen der Stadt über ein bedeutendes Wissen und technisches Können im Brückenbau.

Die erste geschichtlich bekannte Brücke war die Pons Sublicius. Ihr Name stammt von « sublica », das sind Pfähle aus Holz, und sie befand sich unterhalb der Tiberinsel. Die Erinnerung verbindet sie mit Horatius Cocles. Später wurden die hölzernen Pfähle zwecks größerer Haltbarkeit durch Steinpilaster ersetzt. Die hölzernen Bögen dagegen blieben erhalten, aber es durften aus religiösen Gründen bei ihrem Bau keine Eisennägel verwendet werden.

Die erste steinerne Brücke war die Pons Aemilius, die im Jahre 179 v. Chr. gebaut wurde. Es folgte die Pons Fabricius im Jahre 62 v. Chr. und die Pons Cestius im Jahr 60 v. Chr., die eine feste Verbindung zur Tiberinsel bildete. Die beiden letzten sind uns erhalten geblieben, die erste fast intakt, die zweite durch die im vorigen Jahrhundert vorgenomme ungeschickte Renovierung sehr entstellt.

Die Tiberinsel trug einen Äskulap-Tempel aus dem Jahr 291 v. Chr., und wurde so zu einem medi-

Rekonstruktion der Tiberinsel mit dem linken Tiberufer (rechts das Theater des Marcellus, die Tempel des Forum Olitorium; die Ponte Emilio, links).

zinischen Kurzentrum. Man kann sagen, daß der Tempelbezirk das erste primitive Krankenhaus Roms war.

Später folgten die Pons Aurelius, die Brücken des Agrippa und Nero, und die Pons Aelius (Aelius war der Vorname von Hadrian), heute Engelsbrücke, die immer noch in Betrieb ist, obwohl ihre äußeren Bögen verändert wurden, sowie die Ponte Milvio. Durch das ganze Mittelalter bis zum Bau der Ponte Sisto (1473) waren die römischen Brücken an der Tiberinsel, die Engelsbrücke und die Ponte Milvio die einzigen Verbindungen zwischen den beiden Tiberufern. Die Tiberufer wurden von Bauwerken freigehalten. Es lagen dort die künstlich geschaffenen Quais zum Anlegen der Schiffe.

Auf dem Campus Martius war die Schiffswerft (Tecstrinum), der Handelshafen dagegen befand sich in der Nähe des Forum Boarium. Er bestand aus einem Becken in rechteckiger Form mit dahinterliegenden Deichen. Ein wichtiger Verladeplatz für die verschiedenen Waren, Marmor und Lebensmittel war das Emporium. Neben dem Emporium häuften sich die Scherben der Tongefäße (« testae »), welche die Frachter mitgebracht hatten, im Lauf der Jahrhunderte zu einem künstlichen Berg auf, dem Monte Testaccio.

Dieser intensive Verkehr, das Ein- und Ausladen der Schiffe, müssen dem Tiber ein ganz besonderes Leben verliehen haben. Dazu kamen mindesten vier « naumachiae » an den Ufern. Das waren riesige amphitheaterähnliche Gebäude mit breiten Becken für Seeschlachten und andere Wasserspiele.

THERMEN

Ein altes römisches Sprichwort, um einen Dummkopf zu beschreiben, hieß: « er kann weder lesen noch schwimmen ». Das hohe Niveau der römischen Zivilisation verkörperte sich in den zahlreichen Thermen. Schon in frühester Zeit gab es private Bäder in Häusern und Villen, wie auch ein öffentliches Schwimmbad in Rom – es gab dem 12. Bezirk seinen Namen – wo die Römer schwimmen lernten.

Abgesehen von kleineren Bädern, wie den Dezianischen, den Suranischen oder den Bädern von Mäzenen, gab es, chronologisch gesehen, folgende kaiserliche Thermen: die des Agrippa, des Schwiegersohn des Augustus, des Nero, des Titus, des Domitian und des Trajan. Die Thermen des Trajan bilden eine Neuheit im Thermenbau: auf Grund ihrer Lage, die in einem zentralen Gebäudekomplex mit perimetraler Umfassungsmauer besteht, innerhalb der sich Gärten und Exedren befinden. Sie wurden zum Modell für den nun folgenden Thermenbau. Später folgten die Thermen des Commodus (185 n. Chr.), die Caracalla-Thermen (217 n. Chr.), die Diokletiansthermen (303 n. Chr.), die größten von allen, sowie die Constantinsthermen (326 n. Chr.) als letzter Thermenbau des antiken Rom.

Die Antonianischen Thermen oder Thermen des Caracalla (Anfang des III. Jahrhunderts n. Chr.), heute und in einer plastischen Rekonstruktion.

Wenn man die vielen Brunnen hinzurechnet, kann man behaupten, daß das antike Rom am Anfang des IV. nachchristlichen Jahrhunderts über 11 öffentliche Thermen sowie 926 private Bäder und ca. 2000 Brunnen verfügte. Die riesige Wassermenge, die dafür nötig war, lieferten 14 Aquädukte.

Um uns vorstellen zu können, wie die Thermen aussahen, von denen uns heute nur noch die eindrucksvollen Ruinen erhalten geblieben sind, wollen wir uns etwas näher mit den Caracalla-Thermen beschäftigen. Diese ermöglichen uns einen fast vollständigen allgemeinen Überblick über den zentralen Baukörper dieser wichtigen Gebäudeform.

Marcus Aurelius Bassianus wurde am 6. April 186 n. Chr. in Lyon geboren. Seine Mutter war Julia Domnia, die wunderschöne zweite Frau des Septimius Severus. Da er gallischen Ursprungs war und auch immer ein gallisches Gewand trug, einen langen Kapuzenmantel, der « caracalla » hieß, wurde er vom Volk ironischerweise Caracalla genannt.

Er folgte seinem Vater, dem Kaiser Septimius Severus, in die Feldzüge gegen die Parther, und während dieser Kriege wurde er im zarten Alter von 11 Jahren zum Augustus, d.h. zum Nachfolger seines Vaters, ernannt. Für seine Teilnahme am Kampf gegen Judaea verlieh ihm der Senat den Ehrentitel « Pius Felix ». Beim Tod seines Vaters (in Eboracum in der Provinz York in England) im Jahre 211 wurden Caracalla und sein Bruder Geta Kaiser. Während Geta ein Taugenichts, Heuchler und Intrigant war, hatte Caracalla in seiner Jugend einen besonders sanftmütigen und freundlichen Charakter und war

Thermen des Caracalla: Mosaik mit Putte bei der Weinlese.

Thermen des Caracalla: Mosaik mit geometrischen Motiven und Akanthus-Spiralen.

von überragender Intelligenz. Leider wurde er von einer schweren chronischen Krankeit befallen, die seinen Charakter völlig veränderte, sodaß er sogar zum Brudermörder wurde.

Sein erster Schritt bei Regierungsantritt war, allen freien Menschen im Imperium Bürgerrechte zu verleihen. Im Jahre 217 wurde er bei einem Feldzug gegen die Parther ermordet (die Verschwörung von Macrinus). Später wurde er im Mausoleum des Hadrian beigesetzt. Sein großer Verdienst war der Bau der riesigen Thermen, durch die er, mehr als durch seine militärischen Unternehmungen, in die Geschichte einging. Die Badeanlagen wurden unter Caracalla im Jahre 212 n. Chr. begonnen und im Jahre 216 n. Chr. eingeweiht. Der Kaiser selbst weihte sie ein, indem er als erster dort ein Bad nahm. Man muß jedoch hinzufügen, daß sie erst unter Heliogabal (218-222 n. Chr.) und Alexander Severus (222-235) fertig wurden. Sie konnten eine Menge von 1600 Badenden aufnehmen und wurden wegen ihrer perfekten architektonischen Strukturen Jahrhunderte hindurch von aller Welt bewundert. Vom VI. nachchristlichen Jahrhundert an sich selbst überlassen, verfielen sie allmählich zu Ruinen, besonders dann durch die Plünderungen der Sarazenen im 11. Jahrhundert. Im Mittelalter bildeten sie eine wahre Fundgrube für Marmor und anderes Baumaterial. Hier wurden u.a. Herkules und der Farnesische Stier, die Callipigische Venus sowie die Flora, die sich heute im Nationalmuseum in Neapel befinden, ausgegraben. Ebenso die Venus Chiaramonti und der Torso von Belvedere, heute im Vatikanischen Museum, sowie der Dionysos, heute im Britischen Museum. Die Badewannen der Brunnen auf der Piazza Farnese und viele andere Kunstwerke befinden sich heute in den römischen Museen.

Der sogenannte « Torso von Belvedere » (heute im Vatikanischen Museum) der in den Thermen des Caracalla im XVI. Jahdt. gefunden wurde.

Die Thermen hatten einen viereckigen Grundriss, der von außen gemessen 337 m in der Breite und 338 m in der Länge betrug. Der eigentliche Baukörper im Innern nahm eine Gesamtfläche von 110.536 Quadratmetern ein. Sie lagen von Nordwest nach Südost. An der Stirnseite lagen vier Eingänge, zwei an jeder Seite. Den äußeren Baukörper umrahmte eine mächtige überdachte Säulenhalle. Vom Eingang zum Mittelbau erstreckte sich ein großer Garten, der das Bauwerk selbst an drei Seiten einrahmte.

Das Innere war nach praktischen und funktionalen Gesichtspunkten aufgeteilt. Der Mittelbau hatte vier Eingänge an der Stirnseite und zwei an den Seiten. Zwischen den beiden Hauptportalen an der Fassade befand sich ein großer rechteckiger Raum für kalte Bäder (Frigidarium). Er lag unter freiem Himmel. Oben zog sich rundherum eine Galerie für Zuschauer. Diese Galerie wurde von acht Granitsäulen getragen, die 14,50 m hoch waren und einen Durchmesser von 1,60 m hatten (siehe die Säule auf der Piazza Trinita in Florenz). Die Galerie war mit achtzehn Nischen mit Statuen und Flachreliefs ausgeschmückt. An jeder Seite des « Frigidarium » befanden sich zwei Umkleideräume sowie zwei Säle zum Einölen der Körper vor den körperlichen Übungen. Es folgten zwei Räume für die Konversation. Dann kam ein sehr großer Saal, der den Mittelpunkt des Baukomplexes bildete. Ein Kreuzgewölbe ruhte auf riesigen Pilastern, zwischen denen sich vier Becken mit lauwarmem Wasser befanden. Die Pilaster waren mit acht Säulen aus schwarzem Granit mit herrlichen Kapitellen verziert, Mosaiken und Stuckornamentik verschönten den Raum. In der Mitte war die Dusche oder « lavatio ». Dieser Raum hieß « Tepidarium ». Vom Tepidarium gelangte man durch einen Zwischenraum zum « Calidarium ». Dieser bestand aus einem Rundraum von 50 m Durchmesser und hatte eine innere Galerie auf zwölf Granitsäulen, sowie eine große Kuppel auf acht Pilastern. In den Wänden befanden sich Rohre, « tubi », zur Beheizung des Raums. Dieser Raum enthielt sieben Becken für Heißwasserbäder. Der mittlere Teil diente als Schwitzraum. An den Schmalseiten des Mittelbaus befanden sich auch eine Reihe von Räumen für Gymnastik, Warmräume, Schwitzräume, Bibliotheken sowie Turnhallen oder Peristyle, rechteckige Hallen mit umlaufenden Säulengängen, Mosaikfußböden und marmorverkleideten Wänden. Eine Reihe von goldgelben Säulen teilte diese Hallen von zwei Exedren an den Längsseiten, die mit Marmor und Mosaiken bedeckt waren. Der Fußboden bestand aus einem wunderschönen bunten Mosaik, das Athleten, Diskuswerfer und Akrobaten darstellte. Dieses wurde 1824 entdeckt und fast intakt ins Museum gebracht, zuerst in den Lateran, später in den Vatikan, wo es sich heute befindet.

Auf drei Seiten der Umfassungsmauer, zwischen dem zentralen Baukörper und den äußeren Mauern, nach dem Calidarium, befanden sich ein herrliches Stadion mit Bäumen und Gärten, Wandelhallen, Akademien, kleine Exedren für philosophische Gespräche, sowie Bibliotheken. Von hier aus erreichte man den Aqua-Marcia-Aquädukt, der die Thermen mit Wasser speiste. Die Ausgrabungen haben ergeben, daß es Tunnel von 5 km Länge gab, die unter den Thermen verliefen. Diese ermöglichten es, das System der Hydraulik, der Belüftung und der Wasserzufuhr zu verstehen. Außer diesen technischen Anlagen sowie Räumen für die Bedienung befand sich unter den Thermen auch ein Mithras-Heiligtum.

Wir haben unsere Ausführungen auf die Caracalla-Thermen beschränkt, weil wir glauben, daß letztlich die Ruinen eine deutlichere Sprache sprechen als jeder Kommentar. Selbst aus dieser kurzen Beschreibung läßt sich entnehmen, daß die römischen Thermen unter einem Motto geplant und gebaut wurden, das bis auf den heutigen Tag Gültigkeit hat: Mens sana in corpore sano (ein gesunder Geist in einem gesunden Körper).

Thermen des Diokletian (298-306 n. Chr.): plastische Rekonstruktion. Diese Thermen waren die größten Roms, sie bedeckten eine Fläche von ca. 112.500 Quadratmetern und hatten für mehr als 2000 Badende Platz. Die heutige Piazza della Repubblica hat die Formen der Exedra beibehalten, die dem Calidarium gegenüber lag (rechts auf der Rekonstruktion).

KAISERLICHE MAUSOLEEN

Das Mausoleum des Augustus

Jm Jahre 28 v. Chr. ließ sich Caesar Augustus sein Mausoleum errichten. Es hatte ein rundes Fundament nach dem Vorbild der etruskischen « tumuli » (Rundgräber) und maß 90 m im Durchmesser und 42 m in der Höhe. Es ruhte auf einem zylindrischen Pfeiler und darauf stand das Standbild des Kaisers aus vergoldeter Bronze. Auch hatte es eine Reihe von Gängen in konzentrischen Kreisen, die mit Gewölben abgedeckt waren. Rund um den Mittelpfeiler befand sich die Krypta. Der Zugang zum Mausoleum erfolgte durch einen Korridor, der durch die kreisförmigen Gänge zu drei Nischen führte; eine davon befand sich gegenüber dem Eingang, zwei an den Seiten. Diese Nischen trugen die Urnen der kaiserlichen Familie. Hier waren Marcellus, Caius und Lucius, die Neffen des Kaisers, beigesetzt. Ferner Agrippa, sowie Octavia, seine Schwester; Drusus, Germanicus; Livia, seine Frau;

Das Mausoleum des Augustus, heute.

Das Mausoleum des Augustus in plastischer Rekonstruktion.

ferner Tiberius, Caligula, Claudius und Nerva. Viel später dann Julia Domnia, die Frau des Septimius Severus.

Der Eingang zum Mausoleum war mit zwei Obelisken aus rosa Granit flankiert. Einer von ihnen befindet sich heute auf der Piazza dell'Esquilino und der andere auf dem Quirinalsbrunnen. Daneben waren an zwei Pfeilern die Bronzetafeln angebracht, die das politische Testament des Augustus enthielten. Der gesamte Text des Testaments, der im Original leider verloren ging, wurde uns durch eine Kopie überliefert, die im Tempel der Roma und des Augustus in Ankara (Ancyra) eingraviert war. So wird dieses berühmte geschichtliche Dokument oft auch als « Monumentum Ancyranum » zitiert. Es ist auch in Bronzelettern auf dem modernen Sockel des Ara Pacis Augustae in der Via Ripetta angebracht.

Die Engelsburg, das frühere Mausoleum des Hadrian, unten die moderne Brücke Vittorio Emanuele.

Mausoleum des Hadrian

Kaiser Hadrian ließ gegen das Jahr 130 n. Chr. für sich und seine Nachfolger ein Mausoleum bauen. Heute ist es unter dem Namen Castel Sant'Angelo oder Engelsburg bekannt. Das Mausoleum wurde ein Jahr nach dem Tod des Kaisers im Jahre 138 n. Chr. fertiggestellt. Es besteht aus einem quadratischen Fundament von jeweils 90 m Seitenlänge und einer Höhe von 15 m. Darüber erhebt sich ein zylindrischer Tambour, der innen durch ein radiales Mauersystem mit Gewölbeüberdachung unterteilt wird. Der Oberteil war mit Erde und mit Zypressen bedeckt, und auf der Spitze muß die Bronzequadriga oder ein Standbild des Kaisers gestanden haben. Das Äußere des Mausoleums war mit Travertin

Das Mausoleum des Hadrian (132-139 n. Chr.): plastische Rekonstruktion, mit der Engelsbrücke, wie sie bis zum vorigen Jahrhundert aussah; unten die Brücke des Nero, die heute nicht mehr existiert.

verkleidet, das Innere mit Marmor und Stuckdekorationen. Der zylindrische Sockel und sein oberer Abschluß waren mit Marmor und Bronzestatuen geschmückt. Die Außenmauer schmückten Pfauen aus Bronze, zwei davon sind noch im Vatikanischen Museum zu sehen. Die Grabkammer erreichte man über eine Wendeltreppe. Im Mausoleum waren Hadrian, seine Frau Sabina, Antoninus Pius und seine Frau Faustina, Lucius Verus, Mark Aurel, sein Sohn Commodus, Septimius Severus und sein Sohn Caracalla beigesetzt. Schon zu Zeiten des Aurelian wurde das Bauwerk in eine Festung umgewandelt und es hatte eine Schlüsselposition bei der Verteidigung des rechten Tiberufers.

MAUERN UND STADTTORE

Die aurelianischen Mauern sind ein Symbol für die Endzeit des römischen Reiches. Die zunehmende Bedrohung durch Einfälle der Barbaren bewogen den Kaiser Aurelian, die Stadt mit einem der Situation entsprechenden Mauerring zu umgeben. Dieses mächtige Bauwerk wurde gegen das Jahr 272 n. Chr. begonnen. Sein Gesamtumfang betrug 19 km und schloß die ganze Stadt mit Ausnahme weniger Stadtviertel an der Peripherie ein.

Zur Ausführung diese Werkes wurden viele schon früher bestehenden Bauten mit eingeschlossen oder zu Verteidigungsbauten umgewandelt, so z. B. die Mauern der Gärten der Acilii (Muro Torto), das Castrum Praetorium, die Aqua Marcia-und Aqua Claudia-Aquädukte, das Castrensische Amphitheater sowie die Cestius-Pyramide.

Die Originalhöhe der Mauern betrug acht Meter, aber beim späteren Ausbau erreichte sie an manchen Stellen mit dem oberen Rundgang bis zu zehn Metern Höhe. Zum Bau nahm man Backsteine, bei späteren Renovierungen fand auch anderes Material Verwendung. In die Mauern waren Türme zur Verteidigung eingebaut, und zwar in einer Entfernung von jeweils dreißig Metern. Wenn man die Gesamtlänge der Mauern bedenkt, so muß es 383 davon gegeben haben. Außerdem hatten die Mauern ca. 2000 Öffnungen für die Kriegsmaschinerie, sowie zahlreiche Innentüren.

Die Aurelianischen Mauern könnten auch die Mauern des Honorius heißen, da dieser Kaiser viele Ausbauten und Renovierungen an ihnen vornahm (395-423 n. Chr.). Sie hatten vierzehn Haupteingänge: die *Porta Flaminia* (heute Porta del Popolo) auf der gleichnamigen Straße besteht aus einem Durchgang mit zwei Seitentürmen, die zur Zeit Sixtus IV. (1471-1484) zerstört wurden. Die heutige Anordnung geht auf die Zeit Pius IV. (1562-1565) zurück, und das Innere auf eine Restauration, die Bernini im Jahre 1655 zur Ankunft der Königin Christine von Schweden vornahm. Im Jahre 1879 wurde die ursprüngliche Form verbreitert durch den Einbau von zwei seitlichen Durchgängen.

Die heutige *Porta Pinciana* geht auf einen rückwärtigen Mauerzugang zur Aurelianischen, von Honorius renovierten Stadtmauer zurück. Hier führte die Via Salaria Vecchia durch, die dann nach kurzer Strecke auf die eigentliche Via Salaria führte.

Die *Porta Salaria* bestand aus einem Rundbogen mit zwei Seitentürmen nach dem Modell des Honorius. Sie wurde infolge des Einmarsches der italienischen Armee in Rom nach 1870 und durch die dadurch hervorgerufenen Schäden zerstört. Während der Abbruchsarbeiten kamen zwei Grabmäler aus augustäischer Zeit zum Vorschein, und zwar das des zwölfjährigen Dichters Q. Sulpicius Maximus sowie das einer gewissen Cornelia.

Die *Porta Nomentana* war das einfachste aller Stadttore. Es bestand aus einem Backsteinbogen. Außerdem hatte es zwei halbrunde Türme, deren einer noch an der Porta Pia zu sehen ist, welche die Porta Nomentana im Jahre 1561 ersetzte.

Die Porta Appia (heute Porta San Sebastiano) in den Aurelianischen Stadtmauern.

Die Aurelianischen Mauern (271-275 n. Chr.) zwischen der späteren Ardeatina und der Porta Appia.

Die *Porta Tiburtina* bestand aus einem Bogen, die die Wasserleitungen Aqua Marcia, Tepula und Julia aus der Zeit des Augustus (5 q. Chr.) trug. Der Bogen hatte zwei Rundtürme. Auf dem Attikus standen Bronzestatuen.

Die *Porta Praenestina* oder Porta Maggiore bildet die Fassade des Claudius- und Aniene-Nuovo-Aquädukts, die hier in das Mauerwerk eingeschlossen sind. Von hier verliefen die Via Labicana und die Via Praenestina. Die letzte Restaurierung im Jahre 1957 hat Reste der rückwärtigen Tore sowie des alten Straßenpflasters zutage gefördert.

Die *Porta Asinaria* war ursprünglich ein kleines Tor in der Aurelianischen Mauer. Sie wurde unter

Honorius mit zwei Türmen und einem weiteren Zugang versehen. Im Jahre 1084 wurde sie Opfer eines Brandes unter Robert Guiscard (seit jener Zeit hieß sie Porta Perusta oder « Verbranntes Tor »).

Die *Porta Metrovia* lag am Südhang des Coelius: sie war zur Zeit Aurelians von bescheidenem Ausmaß, später wurde sie mit einem Innenturm und einem Bogen ausgestattet.

Der Bogen der *Porta Latina* war ursprünglich viel breiter. Honorius ließ ihn aus Sicherheitsgründen verengen, sowie einen Attikus anbringen.

Die *Porta Appia* oder Porta San Sebastiano hatte unter Aurelian ursprünglich zwei Durchgänge. Honorius und Arcadius ließen sie zu einem Durchgang und breiteren Türmen umbauen. Auch der sogenannte Drususbogen (der den antoninianischen Aquädukt trug), fand dabei Verwendung, und zwar auf der Rückseite.

Die *Porta Ostiense* hatte ursprünglich zwei Durchgänge, die unter Honorius und Arcadius zu einem Durchgang umgebaut wurden. Daneben befand sich noch ein Durchlass. Die Türme stammen aus der Zeit des Maxentius, wie auch das Tor an der Rückseite, das zwei Originalbogen besitzt. Laut Bericht des Geschichtsschreibers Ammianus Marcellinus wurde durch dieses Tor im Jahre 357 n. Chr. der Obelisk geschafft, den Konstantin II. auf der Spina des Circus Maximus aufstellen ließ.

Die Aurelianischen Mauern erstreckten sich teilweise auch auf der gegenüberliegenden Seite des Tiber. Hier gab es drei Tore.

Die *Porta Aurelia* befand sich nahe der heutigen Porta San Pancrazio und bestand aus einem Bogen mit zwei quadratischen Türmen sowie einem Bogen an der Rückseite. Unter Urban VIII. wurde sie zerstört aufgrund des Wiederaufbaus der Mauern zwischen Tiber und Janiculum.

Die *Porta Settimiana* wurde unter Papst Alexander VI. im Jahre 1498 wiedererbaut.

Die *Porta Portuense* befand sich ungefähr einen halben Kilometer von der heutigen Porta Portese entfernt; sie besaß zwei Bögen und zwei Rundtürme. Zerstört wurde sie unter Urban VIII. im Jahre 1643. Dieser ließ dafür aus Sicherheits- wie wirtschaftlichen Gründen die heutige Porta Portese bauen.

Die Porta Ostiense (heute S. Paolo) in den Aurelianischen Stadtmauern, sowie die Cestius-Pyramide, ein in die Mauern eingebautes Grabmal aus dem Jahre 12 v. Chr.

AQUÄDUKTE, BRUNNEN UND NYMPHÄEN

Die Aquädukte sind von großem Interesse für das Studium des römischen Städtebaus. Eine Untersuchung über ihren Verlauf und ihr Verteilernetz erlaubt es uns, die verschiedenen Bezirke der Stadt zu identifizieren und zu unterscheiden. Der antike Schriftsteller Frontinus (1. nachchristliches Jahrhundert) berichtet, daß zur Zeit des Nerva folgende Aquädukte bestanden: Appia, Aniene Vecchia, Marcia, Tepula, Julia, Vergine, Alsietina, Claudia und Aniene Nuovo. Später kamen dann noch der Trajans- und der Alexandrina-Aquädukt hinzu.

In den ersten vierhundert Jahren nach der Gründung Roms gebrauchten die Römer ausschließlich das Wasser der Quellen, der Brunnen und des Tiber. Es gab viele Quellen. Die berühmteste war die Camenae-Quelle nahe der Porta Capena.

Als sich die Stadt vergrößerte und die Bevölkerung zunahm, mußte für eine größere Wasserzufuhr gesorgt werden. Der Zensor Appius Claudius Caecus, der auch die sogenannte « Königin der Straßen », nämlich die Via Appia, baute, ließ im Jahre 312 v. Chr. den ersten Aquädukt bauen, der das nach ihm benannte Wasser Aqua Appia nach Rom brachte. Die Quelle des Aqua Appia befand sich ungefähr 16 km östlich von Rom. Der Aquädukt verlief größtenteils unterirdisch, und nur in der Nähe von Rom über Bogen. Nach dem Appia-Aquädukt folgte der Bau des *Aniene-Vecchio-Aquadukts* im Jahre 272-269 v. Chr. Dieser Aquädukt war ungefähr 40 km lang und brachte das Wasser der Aniene, eines Nebenflusses des Tiber in der Nähe des heutigen Ortes Vicovaro nach Rom. Auch dieser Aquädukt verlief unterirdisch und bestand aus einem in Stein gehauenen Kanal.

Der Aquädukt der *Acqua Marcia* wurde im Jahre 144-140 v. Chr. durch den Prätor Quintus Marcius Rex gebaut. Seine Länge maß ca. 60 km. Die Quellen befanden sich in der Nähe von Subiaco, ungefähr 50 km verlief er unterirdisch, nur die letzten 10 km verlief er auf Bogen. Er versorgte das Kapitol, den Coelius, das Quirinal und den Aventin mit Wasser.

Der Aquädukt *Acqua Tepula* aus dem Jahre 125 v. Chr. war ca. 18 km lang. Er brachte das Wasser von den Albaner Bergen; 10 km verlief er unterirdisch, 8 km auf Bogen wie der des Acqua Marcia.

Der Aquädukt *Acqua Julia,* im Jahr 33 v. Chr. unter M. Vipsanio Agrippa gebaut, war ungefähr 21 km lang, und seine Quelle befand sich nahe Tepula in den Albaner Bergen. Zur Hälfte verlief er unter der Erde und zur Hälfte auf Bogen wie die Wasser des Marcia- und Tepula-Aquädukts.

Der Aquädukt *Acqua Vergine* war die zweite unter Agrippa gebaute Wasserleitung. Er war ungefähr 22 km lang, erreichte Rom über den Pincio und endete in den Thermen des Agrippa auf dem Marsfeld.

Augustus baute im Jahre 2 v. Chr. den Aquädukt *Acqua Alsietina* (vom Alsietino-See, heute Martignano-See genannt). Sein Wasser diente ausschließlich zur Bewässerung. Im Jahre 52 n. Chr. ließ der Kaiser Claudius einen neuen Aquädukt, *Acqua Claudia,* bauen, der das Wasser von Subiaco nach Rom brachte. Er führte über den Coelius und dann über den Palatin zu den kaiserlichen Palästen. Claudius ließ auch den Aquädukt Aniene Nuovo fertigstellen, der Rom von der Porta Maggiore aus über den gleichen Weg erreichte wie der Acqua Claudia-Aquädukt.

Trajan ließ im Jahre 109 einen Aquädukt im Nordwesten Roms bauen, der das Wasser einiger Quellen in der Nähe des Bracciano-See vereinigte. Er war ca. 45 km lang und endete auf dem Janiculum.

Schließlich ließ Alexander Severus im Jahre 226 n. Ch. einen Aquädukt bauen, der das Wasser der Quellen im Osten der Stadt in der Nähe der Via Praenestina nach Rom brachte. Er brauchte das Wasser für seine Thermen auf dem Marsfeld.

Die römischen Aquädukte sind Beispiel für das großartige römische Ingenieurwesen, nicht nur für die Antike, sondern für alle Zeiten.

Mit dem Bau der Aquädukte, der aus praktischen Gründen erfolgte, konnte man gleichzeitig zur Verschönerung der Stadt durch Brunnen und Nymphäen beitragen. Viele der Brunnen des antiken Rom dienten zum Schmuck von Bauwerken, andere bildeten Bauwerke für sich, so z. B. die *Meta Sudans* aus der

◀ **Der Claudius-Aquädukt zwischen Palatin und Coelius.**

Das Septizonium des Septimius Severus: plastische Rekonstruktion.

Ein Teil des Claudius-Aquädukts in der Nähe der Via Latina.

Zeit des Domitian (82 n. Chr.): der *Lacus Orphei* auf dem Esquilin, der von Martial erwähnt wird; der *Lacus Ganimedes,* der *Lacus Promethei,* das *Septizodium* von Septimius Severus (203 n. Chr.). Einige große Brunnen dienten auch als Fassade von Aquädukten: so z. B. die sogenannten *Trophäen des Marius* (sie stammen dagegen aus der Zeit des Domitian), die sich auf dem Esquilin befanden. Sie bestanden aus einer hohen zweigeschossigen Fassade mit einer breiten Mittelnische und zwei seitlichen Öffnungen, in der sich die Trophäen befanden, während ein rundes Becken darunter das Wasser auffing. Auch die sogenannte Porta Maggiore ist nichts anderes als die Fassade eines Aquädukts, nämlich dem des Acqua Claudia.

Diese Brunnen wurden von den Römern *Lacus* oder *Nymphaeum* genannt. Der « lacus » war oft ein rechteckiges Becken und diente zu rein praktischen Zwecken. Zur Zeit des Agrippa gab es mehr als 500 davon, und er ließ weitere 700 bauen, die er dann mit 400 Säulen und 300 Statuen dekorieren ließ. Unter Domitian nennen die Statistiken nicht weniger als 1350 in Rom bestehende Brunnen.

STRASSEN UND VERBINDUNGSWEGE

Was den Straßenbau betrifft, so tritt hier ganz klar das praktische Denken der Römer zutage, besonders wenn man näher betrachtet, was sie denn eigentlich zum Reisen verleitete. Ursprünglich bauten die Römer ihre Straßen ausschließlich zu militärischen und politischen Zwecken. Die Legionäre waren für den Bau und die Erhaltung der Straßen zuständig. Von Rom liefen 29 Verbindungsstraßen fächerförmig in alle Richtungen und verbanden die Provinzen Italiens miteinander. Oft führten sie sogar über die Alpen, über die Landesgrenzen hinaus. Diese sogenannten konsularischen Straßen waren untereinander wiederum durch ein sekundäres provinziales Straßennetz verbunden.

Die Straßen hatten im allgemeinen einen Mittelteil für die Wagen und die Zugtiere sowie erhöhte Gehsteige für die Fußgänger. Auf diesen Straßen verkehrte die römische Post, die es dem Kaiser ermöglichte, seine Befehle bis an die äußersten Grenzen seines Kaiserreichs gelangen zu lassen. Die öffentlichen Transportmittel für Personen und Waren, die Staatseigentum waren, versahen den Postdienst und nahmen damit schon den heutigen, organisierten Tourismus voraus.

Es soll erwähnt werden, daß die Kosten für diesen Postdienst zu Lasten der Provinzen gingen und sehr hoch waren: sie umfaßten den Unterhalt der zahlreichen Gebäude, « mansiones » (Gasthäuser) genannt, der « stationes » (Ställe zum Wechseln der Zugtiere) und das zahlreiche dazu nötige Dienstpersonal: Arbeiter, Eselstreiber, Tierärzte, Hufschmiede, Stallburschen und Kutscher. Außerdem mußten die Provinzen für die Ernährung von Personal und Zugtieren aufkommen.

Wer diese staatlichen Transportmittel nicht in Anspruch nehmen konnte, mußte sich natürlich an private Firmen wenden. Die Folge war, daß sich neben den staatlichen Organisationen, die aus politisch militärischen Bedürfnissen erwachsen waren, sehr bald private Organisationen auftraten, die die Risiken von Reise und Transport auf sich nahmen, die Wagen und Zugtiere ausliehen und sich auch der Privatpost annahmen. Der Landverkehr erfolgte mit den verschiedensten Wagenformen.

Alle fünf Kilometer wurde Halt gemacht, und es wurden ungefähr 30 km pro Tag zurückgelegt. Bei jedem Halt konnte der Reisende seinen Durst löschen oder erfrischende Getränke in den zahlreichen Tavernen zu sich nehmen, die sich nahe den staatliche Postämtern niedergelassen hatten. Gegen Abend erreichte man die « stationes », wo man, wenn letztere nicht staatlich und demzufolge nicht als Herberge zu benutzen waren, sich ein privates Nachtquartier suchte.

Wir wissen, daß schon damals das gesamte Hotelwesen in einer Gewerkschaft zusammengeschlossen war, und daß sie enge Handelsbeziehungen untereinander hatten. So konnten die Reisenden einen Herbergsausweis bei den Reisebüros erhalten, den man als den Prototyp unseres heutigen Reiseschecks ansehen kann.

Die Via Appia.

Rechts das Grabmal der Cecilia Metella (I. Jhdt v. Chr.) auf der Via Appia Antica. ▶

Via Appia

Die Via Appia wurde im Jahre 312 v. Chr. durch den Zensor Appius Claudius gebaut. Von Statius « regina viarum », Königin der Straßen genannt, ist sie die längste, breiteste und schönste aller römischen Straßen. Um den Bau zu verwirklichen, mußten schwere Hindernisse überwunden werden: die pontinischen Sümpte, Flüsse und Berge. Die Pflasterung erfolgte mit polygonalen Basaltblöcken von den Hügeln Latium. Julius Cäsar ließ sie mit persönlichen Geldern ausbauen und verschönern; Augustus, Domitian, Vespasian und Nerva ließen Ausbesserungsarbeiten vornehmen. Von Capua wurde sie bis nach Benevent verlängert, später bis Taranto und Brindisi. Trajan schuf eine Umgehungsstraße, die von Benevent über Canossa nach Bari führte (Via Appia Traiana). Die Via Appia begann an der Porta Capena, die heute nicht mehr existiert. Auf beiden Seiten zogen sich in ungefähr zwanzig Kilometer Länge die Grabmäler der bedeutendsten römischen Bürger hin: das Grabmal der Scipionen, das Grabmal des Geta, des Bruders des Caracalla, der von diesem in barbarischer Weise umgebracht wurde. Wir wissen, daß der Kaiser Caracalla dieses Grabmal mit sieben übereinanderliegenden Säulenreihen bauen ließ. In der Nähe der Calixtus-Katakomben befanden sich die Grabmäler der Familie Pomponia, die « Columbarien » (Begräbnisnischen) der kaiserlichen Köche, der Matrosen der kaiserlichen Flotte vom Kap Miseno, welche die Sonnensegel im Kolosseum hißten.

In der Nähe der Sebastians-Katakomben stand auch das Mausoleum des Romulus, des Sohnes von Kaiser Maxentius sowie daneben der gleichnamige Circus.

Das Grabmal, das durch seine Größe und durch seinen wenigstens äußerlich recht guterhaltenen Zustand die konsularische Straße beherrscht, ist das der Cecilia Metella. Es erhebt sich auf einer kleinen Ehöhung an der dritten « milia » (Meile) der Via Appia. Über einem quadratischen Sockel erhebt sich ein zylindrischer Baukörper. Er ist ungefähr zwanzig Meter hoch und ganz mit Travertin verkleidet. Am oberen Teil befindet sich ein Fries mit Stierköpfen und Guirlanden aus pentelischem Marmor sowie eine Gedenktafel darunter, die an Cecilia Metella erinnert, die Tochter des Quintus Metellus Cretius, der die Insel Kreta unterwarf und so zu großen Ehren gelangte. Cecilia heiratete den Sohn des Triumvirn Licinius Crassus, des reichsten Mannes im alten Rom.

OSTIA – DER HAFEN ROMS

Literarisch sind die Ursprünge Ostias mit der legendären Ankuft des Äneas verknüpft. Anderen, ebenfalls literarischen Uberlieferungen zufolge gehen seine Anfänge auf die Zeit des Ancus Marcius, des vierten Königs von Rom, zurück.

Aus den archäologischen Funden läßt sich jedoch ermitteln, daß die Gründung Ostias zur Zeit der Prägung der ersten römischen Münzen, nämlich gegen das Jahr 335 v. Chr. erfolgte.

Aus republikanischer Zeit haben wir nur spärliche Notizen, wir wissen jedoch, daß im Jahre 278 v. Chr. vor Ostia die karthagische Flotte aufkreuzte, welche die Römer zur Hilfe im Kampf gegen Pirrhus gerufen hatten. Während der Punischen Kriege nahm Ostia eine sehr wichtige Stellung ein. Jm Jahre 217 erfolgte von Ostia aus die Versorgung des römischen Heeres in Spanien; im Jahre 212 v. Chr. wurde hier das aus Sardinien herbeigeschaffte Korn gelagert; im Jahre 2111 fuhr Cornelius Scipio aus Ostia mit dreißig Galeeren aus.

Aus diesen wenigen Daten kann man ersehen, daß Ostia für Rom der Beginn des Seehandels und der Politik auf den Meeren bedeutete.

Aus dem kleinen Verteidigungsfort wurde eine große Stadt, die von neuen Mauern umgeben war, deren Umfang für eine städtische Entwicklung während der Kaiserzeit ausreichte.

Man glaubt, daß der Übergang von der « Zitadelle » zu einer Stadt gegen das Jahr 267 v. Chr. erfolgte, als in Ostia die Quästur eingerichtet wurde, bezw. die Stadt Verwaltungs- und politische Strukturen erhielt.

Nach dem Befund der neuesten Ausgrabungen war Ostia bei Ende der republikanischen Zeit ein reges Handelszentrum. Es hatte lange Hauptstraßen, viele Geschäfte und einfache Wohnhäuser, daneben auch Herrensitze mit Atrium und Peristyl. Oft verlief ein Portikus an den Straßenseiten mit Säulen aus Travertin oder Pilastern aus Tuffstein. Unter den Straßen verlief die Kanalisation. Jenseits der Stadtmauern erstreckten sich die Friedhöfe, die Nekropolen.

Auch in Ostia, wie in Rom, ist die urbanistische Entwicklung an das Aufkommen von verschiedenen Baumaterialien gebunden, und so erfuhr die Stadt während der Kaiserzeit eine grundlegende städtebauliche Veränderung.

Seit der republikanischen Zeit galt Ostia als das « emporium », als Mittelpunkt dex Warenumschlags, und deshalb war es unerläßlich, seine Infrastruktur zu vergrößern und sie den Bedürfnissen der Vaterstadt Rom anzupassen. Unter Augustus begann denn auch eine intensive Bautätigkeit, es wurde ein Theater geschaffen, sowie das Forum der « corporationes », der Korporationen, dieses wurde später zum eigentlichen Handelszentrum der Stadt. Tiberius ließ das Forum und den Tempel der Roma und des Augustus bauen.

Der stärkere Schiffsverkehr ließ das Tiberdelta unzureichend werden. Claudius ließ deshalb einen Hafen bauen (42 n. Chr.), der unter Nero im Jahre 54 n. Chr. fertig wurde. Leider bot auch dieser Hafen keine allzugroße Sicherheit, da er zu weit ins Meer hinaus gebaut und seine Instandhaltung daher sehr kostspielig war. So ließ Trajan in den Jahren 100-106 n. Chr. einen durchaus funktionalen Binnenhafen anlegen; er war sechseckig und mit dem Tiber durch einen neuen Arm, den « Fiumicino » (kleiner Fluß) verbunden, sowie durch eine zweispurige Straße mit der Stadt Ostia selbst.

Unter Trajan nahm die Bautätigkeit zu; große Magazine zum Speichern von Lebensmitteln wie Korn, Öl, Wein wurden geschaffen. Neue Gebäude wie die Basilika und die Kurie entstanden. Unter Hadrian und Antoninus Pius (117-161 n. Chr.) wurde

◀ Ostia - Rekonstruktion der grossen Wohnblöcke und Geschäfte (Insulae).

Ostia - Ruinen vom « Haus der Diana ».

das ganze Zentrum mit rechteckigen Grundrissen neugebaut, und zwar nicht nur die öffentlichen Gebäude, sondern auch die privaten Wohnhäuser.

Mehr und mehr verschwand der Typ des Wohnhauses mit Atrium und die horizontale Form machte immer häufiger der vertikalen Platz, die mehrstökkige Gebäude ermöglichte. Das Licht kam durch Fenster an den Fassaden sowie durch die weiträumigen Innenhöfe. Ja, es gab sogar Gartenhäuser – der Traum jeder modernen Stadtplanung.

Aus dieser Zeit stammen auch die Restaurierung und der Ausbau des Kapitols sowie die Instandsetzung des Viertels um die Neptunsthermen, und auch das Gebäude für die städtische Feuerwehr.

Septimius Severus und Caracalla (203-217) erneuerten und vergrößerten das Theater, das schon unter Commodus (180 n. Chr.) begonnen worden war. Zu gleicher Zeit wurde das Forum der Korporationen wieder instand gesetzt. Dieses stellte einen einzigartigen Gebäudekomplex dar: in der Mitte erhob sich der Tempel der Ceres, der Schutzgöttin des Getreides und der Nahrungsmittel; rundum verlief ein Säulengang, unter dem sich die Büros der Handelsorganisationen Ostias und aller Städte des Imperiums befanden, wie z.B. Karthago, Sabratha, Narbonne, Alexandria usw., deren Namen man noch heute auf den Mosaikfußböden lesen kann. Es war eine Art Handelskammer, wo die Kaufleute, die

Ostia - oben: der Decumanus Maximus und das Theater, unten: die Synagoge. ▶

Ostia - Capitolium.

Ostia: das Theater, das Forum der Korporationen und Reste des Ceres-Temples.

mit Leder, Elfenbein, Stoffen handelten, sich mit Handwerkern, Seeleuten, Bankiers treffen konnten.

Auch für das zweite nachchristliche Jahrhundert läßt sich eine rege Bautätigkeit feststellen. Die Stadt vergrößerte sich durch Thermen, Speicher, « fullonicae » (Färbereien), Tempel, Mithräen, Miethäuser, Sitze von beruflichen Vereinigungen usw. Ostia erreichte jetzt eine Einwohnerzahl von 50.000 und besaß eine heterogene und kosmopolitische Bevölkerung.

Die Beamten und Funktionäre des Staates hatten sich um die Verteilung und Überwachung der Lebensmittel zu kümmern. Sie mußten kontrollieren, ob Qualität und Quantität den Erfordernissen entsprachen, sie mußten sich um die Bezahlung kümmern und Kontakte zu den privaten oder staatlichen Handelsvertretern halten. Gleichzeitig mußten sie für Disziplin unter den zahlreichen Berufsvereinigungen sorgen: den Werftarbeitern, den Transportarbeitern, den Maurern zur Instandsetzung der Hafenanlagen und Trajekte, ja sogar um diejenigen, deren Aufgabe es war, gesunkene Schiffe und Waren zu bergen. Ebenfalls hatten sie Beziehungen zu Schiffseigentümern und Besitzern anderer Transportmittel aufrecht zu halten.

Man kann sagen, daß der Verfall Ostias unter Konstantin begann, der seine Interessen nur auf den Hafen richtete und die Stadt sich selbst überließ.

Gegen Ende des vierten nachchristlichen Jahrhunderts erreichte der Heilige Augustinus mit seiner Mutter, der Heiligen Monika, Ostia und starb hier, während er auf seine Einschiffung nach Afrika wartete, und hatte so Gelegenheit, mit Bitterkeit über den Verfall der Stadt zu klagen. Später, im Jahre 414 n. Chr., bestätigte der Dichter Rutilius Namatianus, daß von Ostia nichts als der Ruhm des Äneas geblieben sei.

TIVOLI UND DIE HADRIANS-VILLA

Wenige Kilometer südöstlich von Rom am Fuße der Hügel, die nach Tivoli, einer alten Stadt führen, die der bevorzugte Ferienort des Adels und der Dichter des antiken Rom war, liegt die Villa des Hadrian. Die sogenannte « Villa Adriana » besteht, aus einem großen Komplex von Gebäuden und Anlagen, den der Kaiser Hadrian in den Jahren zwischen 118 und 138 n. Chr. anlegen ließ.

Von dem, was geblieben ist, kann man ersehen, daß dieser Komplex eine Ausdehnung von wenigstens dreihundert Hektar gehabt haben muß, von dem augenblicklich nur sechzig in staatlichem Besitz sind.

Auch der Name Villa ist eigentlich nicht ganz zutreffend für die Ausdehnung und Größe dieses « Versailles » des antiken Rom.

Um die geistige Idee zu begreifen, die diesen Baukomplex schuf, muß man den Mann kennenlernen, der ihn plante.

Aelius Hadrianus wurde in Italica, einem heiteren Städtchen an der spanischen Südküste geboren. Durch seine Mutter war er der Cousin des Kaisers Trajan. Seine große Liebe zu Griechenland ließ ihn die Bildung, die Lebensart und die ganze Kultur eines Atheners annehmen. Er wurde in der Tat der « kleine Grieche » genannt. Er war Musiker, Arzt, Mathematiker, Philosoph, Dichter, Maler, Bildhauer und vor allem Architekt. Von nahezu enzyklopädischem Geist, hatte er ein ans Wunderbare grenzendes Gedächtnis: Orte, Fakten, Soldaten, – er kannte alle mit Namen. Seine körperlichen Widerstandskräfte waren außerordentlich: er durchquerte zu Fuß die Provinzen des Imperiums. Sein Heer setzte sich aus Schmieden, Schustern, Maurern, Architekten und anderen Handwerkern zusammen. Dieses teilte er dann, wie die Legionen, in Kohorten auf.

Wo immer er hinkam, hinterließ er die Spuren seiner Großmut. Er restaurierte, verschönte, verbesserte die Städte, die er besucht hatte.

Er zeigte sich stets anders – eine vielseitige Persönlichkeit, eine geborene Führungskraft. Oft hielt er den Frieden mit den kleinen Fürsten auf Kosten geheimer Vergünstigungen, was ihm oft den herben Tadel des Senats einbrachte.

Er hielt sein Heer in perfekter Schlagkraft, aber er bemühte sich immer, es so wenig wie möglich einzusetzen, wenn es nicht durch Kriege notwendig wurde. Er starb im Alter von 62 Jahren. Da er unerträgliche Schmerzen auszustehen hatte, bat er seine Getreuen oft, ihm den Tod zu geben, und seine Freunde wachten Tag und Nacht bei ihm, um zu verhindern, daß er Selbstmord beging.

Die Hadrians-Villa bei Tivoli (126-135 n. Chr.). Plastische Rekonstruktion von I. Gismondi u. R. Vighi.

So jedenfalls beschreibt es uns Aurelius Victor, der ungefähr zweihundert Jahre nach Hadrian lebte. Aber die Persönlichkeit dieses Kaisers bleibt bis heute verwirrend, sowohl für seine Zeitgenossen wie für seine Biographen. Vielleicht hatte er die Absicht, die heterogenen Volksstämme seiner Provinzen mehr miteinander zu vereinigen, besser für ihre Bedürfnisse zu sorgen und eine innere politische Einigkeit für einen dauerhaften und universellen Frieden herzustellen.

Hadrians-Villa: Halbrund des Beckens der Canope mit der Statue des Mars und der Amazone des Phidias.

Hadrians-Villa

Das Bauen war eine echte Leidenschaft des Kaisers Hadrian. Er hatte die ganze bis dato bekannte Welt bereist, er hatte Theater, Aquädukte, Mauern und Straßen bauen lassen, sowie Jerusalem wiederaufbauen und verschönern lassen. Der Tempel, den er zu Cizicus, hatte errichten lassen, wurde als eines der sieben Weltwunder der Alten Welt betrachtet. Aber eine seiner schönsten Schöpfungen war die Villa, die er sich in Tivoli bauen ließ.

Sie ist einzig und allein sein Werk und spiegelt ganz und gar den Geist und die Mentalität ihres Schöpfers wider. Die « Villa » ist ein herrliches Erinnerungsbuch der Reisen Hadrians, eine Rückschau auf Plätze, Städte und Monumente, wie das

Hadrians-Villa: Das große Wasserbecken der Canope mit hadrianischen Kopien der Karyathiden des Erechteions in Athen.

Tal der Tempel in Thessalien, die Stoa Poecile, das Prytaneum und die Akademie in Athen; das Serapeum bei Canope am Nildelta in der Nähe von Alexandrien in Ägypten. In Tivoli wollte Hadrian diesen Eindrücken und Erinnerungen Leben verleihen, und so benannte er die verschiedenen Bauwerke seiner Villa mit den Namen von Monumenten, die ihn am meisten beeindruckt hatten.

Es muß jedoch gesagt werden, daß es durch die Originalität der Architektur und der Bautechnik fast unmöglich wird, eine Identifikation mit den berühmten Gebäuden, durch die sie inspiriert wurden und die ihren Namen tragen, vorzunehmen. Mit Ausnahme von Canope sollte man alle anderen Namen nur als hilfreiche Sugestionen für einen Besuch ansehen.

Außer diesen Gebäuden ließ Hadrian auch zwei Theater, Thermal-Bäder, Pavillons, Peristyle, Nymphäen, Brunnen, überadachte Säulengänge, Wohnungen für seine Leibwache und seine Dienerschaft sowie riesige Speicher bauen. Alles ist ganz rationell verteilt durch Nutzung der Bodenbeschaffenheit; Gebäudegruppen wechseln mit weiten Gärten ab.

Die Dekoration der Gebäude war raffiniert und aufs Höchste verfeinert: die Marmorarbeiten, die Malereien, die Mosaiken und die Statuen waren der Ausdruck höchsten künstlerischen Geistes – wie es die zahllosen wiederentdeckten Kunstschätze beweisen. In diesem unvergleichlichen Rahmen von Schönheit, umgeben von seinen Freunden, die wie er die Dichtung, die Bildwerke, die Philosophie und die Musik liebten, verbrachte Hadrian die letzten Jahre seines Lebens. Sein Lebewohl an die Welt drückt sich aufs Schönste in seinen eigenen Versen aus:

« Seele, zärtlicher Atem,
Gast und Gefährte meines Körpers,
Schon entfliehst du
Ins Reich der bleichen kalten Schatten
Und die Spiele mit mir und meinen Freunden
Sind vorüber.... ».

Die Villa war bis zum Ende des weströmischen Kaiserreiches bewohnt, während des Mittelalters verfiel sie zu Ruinen und wurde so zur Fundgrube von Baumaterial. Säulen, Marmor, Fußböden und sogar die Ziegel wurden abgeschleppt. Die Kunstwerke, die seit Ende 1400 wieder sehr begehrt waren, verschwanden in den zahlreichen europäischen Museen. Die wichtigsten Meisterwerke finden sich heute im Kapitolinischen und Vatikanischen Museum, sowie im Thermenmuseum und in der Villa Borghese. Ferner im Louvre, im Nationalmuseum in Neapel, in London, Berlin, Dresden, Stockholm und Leningrad. Seit einigen hundert Jahren hat der italienische Staat systematische Grabungen vornehmen lassen. Die Restaurierung der wichtigsten Bauwerke hat begonnen, und Brunnen und Becken wurden unter der Leitung von Roberto Vighi wieder mit Wasser gefüllt. Wenn die Villa bis heute auch nur teilweise ausgegraben ist, vermittelt sie uns doch eine Vorstellung von der unvergleichlichen Schönheit, die sie gehabt haben muß – wie auch von dem Geist des Mannes, der sie plante und bauen ließ.

ARBEITSWELT IM ALTEN ROM

Nachdem wir, wenn auch nur flüchtig, die wichtigsten Bauwerke des antiken Rom beschrieben haben, kommen wir zu der Frage – einer verständlichen Frage angesischts der Ruinen der Vergangenheit –: wer waren ihre Erbauer?

Oft denkt man an die Sklaven und ihre Ausbeutung zur Schaffung solcher Projekte. Aber was Rom betrifft, so muß daran erinnert werden, daß diese Stadt außer ihrem Ruhm, was Gesetze und Heeresmacht betraf, sich auch rühmen konnte, die Schöpferin jenes korporativen Geistes zu sein, dessen schönstes Beispiel die « collegia » oder beruflichen Organisationen waren.

Bei einer Betrachtung über die Organisation der Arbeit bei den Römern muß man die Bedeutung hervorheben, die diese Berufsorganisationen hatten. Es gelang ihnen nämlich durchaus, das politische und wirtschaftliche Leben der Stadt zu beeinflussen. Auch hatten sie einen großen Anteil an der Entwicklung der Stadt selbst.

Laut Überlieferung war es Numa, der zweite König Roms, der die « collegia », die Korporationen gründete. Ursprünglich waren es neun an der Zahl: Maurer, Färber, Schuster, Goldschmiede, Töpfer, Lederhandwerker, Schmiede und Flötenspieler; die neunte Korporation schloß alle anderen Handwerke und Berufe ein.

Auch wenn die verschiedentlich aufgestellte These, daß diese Korporationen auch religiösen Charakter hatten, nicht ganz von der Hand zu weisen ist,

◀ **Hadrians-Villa: kleiner Venus-Tempel mit der Statue der Knidischen Venus von Praxitels (im Jahre 1959 von den « Freunden der Villa Adriana » restauriert).**

Bauarbeiten (aus einem Detail der Trajanssäule).

kann man doch sagen, daß sie von Anfang an wesentlich aus wirtschaftlichen und beruflichen Gründen zustande kamen.

Die unteren Schichten, die Plebejer, aus denen sich diese Korporationen im Wesentlichen zusammensetzten, hatten nicht teil an der Konstitution. Sie bildeten eine heterogene Mehrheit ohne politische oder religiöse Rechte. Diese Isolation auf religiösem wie politischem Gebit mußte notwendigerweise zu Korporationen führen.

Aus der letzten Periode der Republik hat man dann genauere Informationen über diese Berufsorganisationen. Sie werden als freie Vereinigungen beschrieben, aber potentiell organisiert in einer aufgefächerten Hierarchie. Durch die große Stimmzahl, über die sie verfügten, waren sie auch von großer politischer Bedeutung.

Die Korporationen hatten einen eigenen Sitz, der « schola » genannt wurde. Hier versammelten sich alle der Berufsgenossenschaft Angehörende. Der Vorsitzende einer Korporation wurde alle fünf Jahre neu gewählt. Jede Korporation verfügte über Eigenkapital, das sie selbst verwaltete. Sie konnte damit Häuser, Grundstücke, Sklaven usw. kaufen.

Laut Gesetz mußte jede Genossenschaft einen Abgeordneten haben, der befugt war, seine Korporation vor dem Gericht zu vertreten. Das Amt eines solchen Abgeordneten oder « patronus » einer Korporation war wegen der politischen Macht, die ihm durch dieses Amt zufloß, von den einflußreichen Bürgern sehr begehrt. Oft bemühten sich die Senatoren selbst um ein solches Amt.

Es war äußerst vorteilhaft für einen Arbeiter oder Handwerker, einer solchen Berufsgenossenschaft beizutreten, wegen des Schutzes, den er durch sie genoß, sowie wegen der Mittel, über die er durch diese verfügte. In der Tat hatte der Arbeiter als Mitglied das Recht, an ordentlichen wie außerordentlichen Einkünften (Erbe und Nachlässe) im Verhältnis zu seiner Stellung innerhalb der Hierarchie der Korportation teilzuhaben.

Im Lauf der Zeit und mit dem Zunehmen der polititischen Macht Roms vergrößerte sich die Anzahl der Korporationen. Das ergab sich durch die größere Arbeitsteilung – ein bemerkenswertes Zeichen für die Entwicklung und den Fortschritt von Handwerkern und Arbeitern. Aus der Lehrzeit rekrutierte sich die große Zahl der Mitglieder dieser Berufsgenossenschaften. Nachdem der Lehrling zum erstenmal die Arbeit aufgenommen hatte, wurde er der Korporation einverleibt. Dazu mußte er eine bestimmte Aufnahmegebühr entrichten.

Diese große Masse gutorganisierter Arbeiter konnte vom Staat nicht wohlgelitten sein. So begannen am Ende der Republik die geistigen Schöpfer dieser Berufsgenossenschaften selbst, letzteren Hinddernisse in den Weg zu legen. Cicero, der sich einst selbst um das Amt eines Abgeordneten bemüht hatte, um einen politischen Rückhalt zu haben, war einer der ersten, der für eine Unterdrückung derselben eintrat. Claudius war, wie sein Name schon sagt, ein Agitator der Opposition gegen die Forderungen Ciceros. Er zwang den Staat unter Androhung einer Volkserhebung, die Rechte der Korporationen wieder herzustellen und es den Sklaven und Fremdarbeitern zu ermöglichen, in denselben aufgenommen zu werden. Vielleicht war dies der erste Schritt der römischen Gesellschaft der Antike zur Angleichung der Rechte von Sklaven und Freien – auf dem äusserst wichtigen Sektor der Arbeiter.

Die großen Eroberungszüge in Spanien, Afrika und Sizilien, die Entwicklung von Wirtschaft und Seehandel hatten Rom reich gemacht. Aber die freien Arbeiter hatten leider keinen Anteil an diesem Reichtum, sie sahen im Gegenteil ihre Aktivität durch Sklaven und Diener, die mit dem Reichtum nach Rom gekommen waren, bedroht. Letztere arbeiteten nämlich jetzt für ihre Herren und nahmen so den freien Korporationen jede Arbeitsmöglichkeit.

Hierdurch entstand ein neues System, das die Freiheit der Korporationen und ihre Arbeitsmöglichkeiten sehr reduzierte.

Es kamen mächtige Firmen auf, die eine große Anzahl von Sklaven erwarben. Diese erlernten dann einen Beruf, und dann wurde ihre Arbeitskraft unter drei Parteien aufgeteilt. Oder aber sie wurden von den großen Firmen direkt zur Arbeit eingesetzt. Der Sklave erhielt einen geringen Arbeitslohn (« peculium »), um ihm die Arbeit schmackhaft zu machen.

Aber man sollte im Fall der Sklaverei nicht vergessen, daß die Arbeitsanforderungen in der Zivilisation und Gesellschaft des alten Rom bedeutend weniger hart und unmenschlich waren als bei anderen Völkern der Antike, wie auch des Mittelalters und der Neuzeit.

Das wird belegt durch die strengen Gesetze, die Leben und Behandlung der Sklaven schützten, sowie die große Leichtigkeit, mit der sie die Freiheit erhielten; wenn sie frei geworden waren, nahmen sie die Namen ihrer ehemaligen Herren an; sie erreichten oft hohe wirtschaftliche wie auch politische und intellektuelle Stellungen. Die oft sehr prunkvollen Gemeinschaftsgräber, welche die Familien für sich wie für ihre Sklaven und Diener errichten ließen, die unzähligen Beweise von Treue und Ergebenheit, die diese ihren Herrschaften lieferten, das alles spricht dafür. Ja, es kam sogar nicht selten vor, daß die Dienerschaft für ein würdiges Begräbnis ihrer Herrschaft sorgte, wenn diese in Armut geraten war.

Die ersten beiden nachchristlichen Jahrhunderte verkörpern die Zeit größten Wohlstandes im alten Rom. Üppigkeit und Überfluß erreichten ihren Gipfel.

Die Korporationen auf der einen Seite und ein Heer von Sklaven auf der anderen, das auf Rechnung ihrer Herren arbeitete, ermöglichten die Errichtung der großen und mächtigen Bauwerke, deren Überreste uns bis auf den heutigen Tag in Staunen und Bewunderung versetzen.

KATAKOMBEN

Die Katakomben waren die Begräbnisstätten der ersten Christen. Der ursprüngliche Name dieser Stätten war « coemeteria » (heute cimitero = Friedhof); eigentlich bedeutet er « Schlafstätten ». Nur eine dieser Begräbnisstätten führte den Namen Catacomba, nämlich die von San Sebastiano auf der Via Appia, vielleicht, weil der Eingang zu ihr auf dem Grunde einer Talsohle lag und sich so aus der griechisch-römischen Sprachmischung die Bezeichnung « Catacomba » ergab. Dieser Name wurde dann vom 10. Jhdt. an für alle christlichen Begräbnisstätten gebräuchlich.

Die Katakomben, die alle außerhalb der antiken Stadtmauern lagen, da das römische Gesetz es aufs Strengste untersagte, einen Leichnam innerhalb der Stadt zu begraben oder zu verbrennen, bestanden aus mehren übereinanderliegenden, tief in den Tuff gegrabenen Gängen. Jeder Hauptgang weist viele Nebengänge auf, die zusammen eine Art Netz bilden. Die Länge solcher Gänge erreicht in den Sebastians-Katakomben teilweise 12 km. Man hat ausgerechnet, daß, wenn die 52 in Rom bekannten Katakomben in einer Linie lägen, sie eine Länge von mehr als 600 km ausmachen würden.

Heute ist es, entgegen der allgemeinen Annahme, wissenschaftlich erwiesen, daß die Katakomben ausschließlich als Grabstätten der ersten Christen dienten und nicht zum Versteck der Verfolgten. Es darf jedoch behauptet werden, daß die ersten Christen oft den Vorwand von Begräbnisriten zum Anlaß nahmen, um sich in den Katakomben zu versammeln und ihren Gottesdienst abzuhalten.

Die Gänge mündeten in Grabkammern *(crypae)*, in denen oft Märtyrer bestattet wurden; oder aber sie dienten zu lithurgischen und Totengedenkfeiern. Diese « *cryptae* » waren oft mit Stuck oder mit ausdrucksvollen, farblich sehr kontrastreichen Malereien

Basilica SS. Nereo und Achilleo in den Domitilla-Katakomben.

Domitilla-Katakomben: Gang mit « loculi » und « arcosolio ».

ausgeschmückt; man kann in der Wandbemalung oft die Symbole des neuen Glaubens entdecken: den Fisch, die Olive, das Brot, die Palme, den Weinstock als das Symbol der Ewigkeit, die Taube als Symbol der Seele, und das Schiff.

An den Gängen befanden sich rechteckige Nischen für die Leichname; jede Nische wurde mit einem Block aus Marmor oder anderem Material verschlossen. Die Nischen konnten ein, zwei oder mehrere Leichname aufnehmen, und auf dem Verschlußstein wurde der Name des Verstorbenen eingemeißelt. Diese Art von Bestattung wurde « loculus » genannt, und er findet sich außer in den Gängen oft auch in Kapellen und sogar an den Wänden von Treppen. In späterer Zeit wurden solche « loculi » auch in Fußböden ausgehoben.

Die « arcosolia » hingegen waren besser ausgestattete Gräber. Sie verdanken ihren Namen der Tatsache, daß sich über dem Grab ein Bogen befand (arcos = Bogen). In diesem Fall war der Grabstein, der das Grab deckte, flach und diente als Altar und zum Zelebrieren der Messe.

Die Beleuchtung erfolgte durch wenige tungskörper, die von oben ein sanftes Lich ten; wahrscheinlich befanden sie sich in den beim Bau der Katakomben entstandenen Öffnungen, wo Baumaterial entfernt worden war; es waren Öllampen, Kandelaber und Hängelampen.

Die Katakomben wurden im 5. Jhdt. als Begräbnisstätten aufgegeben, aber sie blieben eine Stätte der Verehrung, was durch eine große Zahl von Graffiti bezeugt wird, welche die Wallfahrer an den Gräbern der Märtyrer hinterließen. Vom 7. Jhdt. an begann man die sterblichen Überreste der Märtyrer in die Kirchen zu überführen; langsam ließ der Brauch nach, die unterirdischen Friedhöfe aufzusuchen, und bald kannte man nicht einmal mehr die Eingänge zu den meisten von ihnen. Die einzigen Katakomben, die stets ein Ort des Gedenkens und der Verehrung blieben, waren die Katakomben von San Sebastiano, San Pancrazio und San Valentino.

INHALTSVERZEICHNIS

(Die Kapitelüberschriften erscheinen in Großbuchstaben)

BIBLIOGRAPHIE

VITRUV, *De Architectura*.
H. JORDAN, *Topographie der Stadt Rom im Alterthum*. I. 1 u. 1, II. Berlin 1878, 1885, 1871; I, 3 von C. Hülsen, 1907.
R. LANCIANI, *Le Acque e gli Acquedotti di Roma Antica*. Rom 1881.
T. MOMMSEN, *Römisches Staatsrecht*. Leipzig 1887.
R. LANCIANI, *The Ruins and Excavations of Ancient Rome*. London 1897.
F. COLAGROSSI, *L'Anfiteatro Flavio nei suoi venti secoli di storia*. Florenz 1913.
G. LUGLI, *Ville e giardini di Roma Antica*. Rom 1910.
G. GIOVANNONI, *La Tecnica della costruzione presso i Romani*. Rom 1925.
G. GOZZO, *Ingegneria Romana*. Rom 1928.
A. MUNOZ - A. M. COLLINI, *Campidoglio*. Rom 1930.
G. LUGLI, *I monumenti antichi di Roma e suburbio*. I-III, « Supplemento ». Rom 1931-1940.
G. MASSANO, *Il turismo nell'Antica Roma*. Rom 1933.
P. DUCATI, *L'arte a Roma dalle origini al secolo VIII*. Bologna 1943.
G. DE ANGELIS D'OSSAT, *Tecnica costruttiva e impianti delle terme*. Rom 1943.
P. GRIMAL, *Les jardins romains*. Paris 1943.
F. G. LO BIANCO, *Storia dei collegi artigiani dell'Impero*. Bologna 1943.
G. LUGLI, *Roma Antica. Il centro Monumentale*. Rom 1946.
G. MORETTI, *Ara Pacis Augustae*. Rom 1948.
L. HOMO, *Rome imperiale et l'urbanisme dans l'antiquité*. Paris 1951.
L. PARETI, *Storia di Roma e del mondo romano*. Turin, 1952.
G. CALZA und AA. VV., *Scavi di Ostia*. Rom 1953.
F. CASTAGNOLI, *Topografia e urbanistica di Roma antica* (Nachdruck, mit Korrekturen und Beifügungen des ersten Bandes von *Topografia e urbanistica di Roma*). Bologna 1958.
R. VIGHI, *Villa Hadriana*. Rom 1958.
G. BRAND - L. B. DAL MASO, *Hadrian's Villa at Tivoli*. Rom 1959.
L. CREMA, *L'architettura romana*, Band XII der Enc. Class., Teil III, Turin 1959.
P. TESTINI, *Le Catacombe e gli antichi cimiteri cristiani in Roma*. Bologna 1966.
L. COLZI, *Le porte di Roma*. Rom 1968.
P. ROMANELLI, *Il Foro Romano*. Bologna 1970.
G. BARACCONI, *Spettacoli nell'antica Roma*. Rom 1972.
J. B. WARD-PERKINS, *Architettura romana*. Venedig 1974.
L. B. DAL MASO - R. VIGHI, *Ostia-Hafen-Isola Sacra*. Florenz 1975.
L. B. DAL MASO - R. VIGHI, *Tivoli-Hadrians-Villa-Subiaco-Aniene-Tal'* Florenz 1975.
J. CARCOPINO, *La vita quotidiana a Roma*. Ital. Fassung, Bari 1976.
U. E. PAOLI, *Vita romana*. Vicenza 1976.